Feltrinelli Le Nuvole

ALLEGRO MA NON TROPPO

a cura di Alessandro Bignami

Prima edizione in "Le Nuvole" giugno 2010

Stampa Nuovo Istituto Italiano d'Arti Grafiche - BG

Questo volume è indivisibile dal dvd
Il concerto
e non è in vendita separatamente

IL FILM

La musica fa cadere ogni steccato

*di Natalia Aspesi**

Se un film s'intitola *Il concerto*, e si sa che le prime scene riprendono il *Concerto in do maggiore n. 21* per piano e orchestra di Mozart e le ultime trionfano con il *Concerto in re maggiore n. 35* per violino e orchestra di Čajkovskij, potrebbe certo attirare i melomani (quelli che amano anche il cinema), ma allontanare il pubblico che non vuole pensieri, né di cinema né di musica.

Invece proprio quel pubblico che cerca divertimento sta riempiendo le sale parigine dove danno il film del franco-rumeno Radu Mihaileanu (dodici anni fa ci ha fatto piangere e ridere con il suo *Train de vie*, film onirico sull'Olocausto).

In poche settimane gli spettatori hanno superato i due milioni, e se n'è incuriosito anche chi quei concerti li conosce a memoria, momenti luminosi della loro vita professionale e personale. A Daniel Barenboim il film è molto piaciuto, ha voluto vederlo anche Stéphane Lissner, sovrintendente alla Scala, che ha spesso riso e si è persino un po' emozionato.

È una storia improbabile che nasce da due storie vere: il licenziamento misterioso anni fa dal teatro Bolshoi del direttore d'orchestra Evgeni Svetlanov, e il tentativo, fallito, di una finta orchestra del Bolshoi di esibirsi a Hong Kong. Nel film una finta orchestra del Bol-

* Natalia Aspesi, *Il* Concerto *con Lissner. La musica fa cadere ogni steccato*, "la Repubblica", 18 gennaio 2010.

shoi arriva da Mosca a Parigi per esibirsi al teatro Châtelet. Il direttore, un tempo celebre, fu ridotto ai tempi di Brežnev a inserviente per essersi rifiutato di licenziare i suoi musicisti ebrei, adesso costretti a strimpellare per i film porno o ai matrimoni volgarmente sontuosi dei mafiosi.

Per Lissner, la parte più bella del film è la prima quando il direttore Filipov va alla ricerca dei suoi ex orchestrali. "È quello che noi sovrintendenti facciamo continuamente: riuscire a mettere insieme gli artisti perché lo spettacolo che abbiamo in mente sia realizzabile. Andare a bussare a una porta è stato il mio primo azzardato gesto professionale. Avevo sedici anni, mi ero innamorato di un testo di Serge Ganzl e volevo metterlo in scena: e mi presentai in casa dell'autore che non sapeva chi fossi."

Il suo collega dello Châtelet, nel film, è un po' caricaturale, oltre che gay, non le dà fastidio?

"È un personaggio divertente, anche se mi pare ricordi più un impresario. Ma mi sono emozionato a rivedere tale e quale quello che è stato il mio ufficio allo Châtelet dove ho lavorato per quindici anni, di cui più di dieci come sovrintendente. Manca solo la mia scrivania: me l'hanno regalata quando me ne sono andato. Questa è una storia che nasce in Russia, con personaggi russi, e io, nato in Francia, sono figlio di madre ungherese, padre russo e ho molto amato una fantastica nonna russa. Il mio legame con la musica russa è istintivo ed è ovvio che il *Concerto* di Čajkovskij mi sia arrivato al cuore."

Il direttore d'orchestra del film è il seducente attore russo Alexeï Guskov, la violinista è la bella francese Mélanie Laurent, quella di *Bastardi senza gloria* di Tarantino. L'orchestra è quella sinfonica di Bucarest, non si sa da chi diretta, chi suona in realtà il violino è la rumena Sarah Nemtanu.

"Molto brava, ma brava anche l'attrice che simula i movimenti delle dita sullo strumento con molta verosimiglianza. È invece del tutto impossibile che si possa raggiungere un buon risultato musicale senza prove, come avviene nel film. Ma è proprio da questo errore che il regista crea un incanto fortissimo. Quando il concerto comincia, la musica è incerta, senz'anima, ognuno suona per sé, non bastano i gesti del direttore per unirli: ma poi arriva il sublime volo solitario del violino, e la sua meraviglia si comunica agli altri strumenti, esalta i musicisti, la loro commozione raggiunge il pubblico del teatro, proprio fisicamente, e da lì arriva agli spettatori del cinema. È arrivata anche a me. Si è compiuto quel miracolo che, non sempre, fa della musica un'esperienza indimenticabile anche per chi non la conosce."

Il film nasconde una patetica storia da gulag, prende in giro tutti, russi alcolisti, zingari imbroglioni, ebrei trafficoni, intellettuali francesi, comunisti nostalgici, gangster russi miliardari.

"È vero, ma dice anche una cosa bellissima: quelle persone di culture così diverse, che non si conoscono e si temono e cercano di fregarsi a vicenda, barbari ognuno per l'altro, si ritrovano, e si capiscono e si integrano perché è la musica a far cadere ogni steccato, ogni ostilità, ogni differenza. È il compito politico e sociale della musica, è il lavoro che stanno facendo Daniel Barenboim con la Divan Orchestra che mette assieme giovani palestinesi e israeliani, Claudio Abbado prima con la Mahler Chamber Orchestra, adesso con l'orchestra Mozart che unisce ragazzi di tutto il mondo, e Gustavo Dudamel che con l'economista José Antonio Abreu ha fondato duecentoventi orchestre Simón Bolívar trasformando in musicisti migliaia di ragazzi venezuelani sottratti alle favelas e al crimine."

Radu Mihaileanu si dichiara di sinistra, è rumeno, ebreo, figlio di un comunista perseguitato, da ragazzino i suoi compagni di giochi erano zingari, è fuggito da Ceausescu adolescente per rifugiarsi a Parigi dove vive in un quartiere dalle mille etnie. *Il concerto* è il suo quarto film, sarà nelle sale italiane dal 5 febbraio, e in alcune sarà dato in lingua originale (francese, russo, rumeno) con sottotitoli. Si consiglia vivamente questa visione.

Intervista al regista, Radu Mihaileanu*

Come è nato il progetto?

Sono stato contattato da un produttore che mi ha proposto un copione scritto da due giovani autori: era la storia di una falsa orchestra del Bolshoi che approdava a Parigi. L'idea di base mi piaceva molto, il resto meno. Così ho chiesto al produttore se potevo sviluppare una mia sceneggiatura a partire dal soggetto iniziale e mi ha dato il suo consenso.

Come si è svolto il processo di scrittura?

Innanzitutto, con il mio complice Alain-Michel Blanc, sono andato due settimane in Russia per incontrare tutte le persone che in seguito avrebbero ispirato i nostri personaggi. Questi colloqui ci hanno offerto un'enorme quantità di spunti per i dialoghi, le scene e le idee che hanno poi preso corpo nella sceneggiatura. Era il 2002, prima delle riprese di *Vai e vivrai*.

Quando la Productions du Trésor ha ripreso il progetto di *Il concerto*, per un po' abbiamo pensato di girare il film in inglese con attori americani. Per puro caso, il destino ha deciso diversamente e siamo tornati alle

* Le pp. 13-37 sono tratte dal pressbook ufficiale del film.

lingue originarie della storia: il francese e il russo. A ogni modo, la sceneggiatura è stata condensata nella sua struttura definitiva dal nuovo trio che si è formato: il produttore Alain Attal, Alain-Michel Blanc e io.

In Il concerto *ritroviamo il tema dell'impostura positiva...*

È un tema che mi pervade mio malgrado. Forse dipende dal fatto che mio padre, che si chiamava Buchman, durante la guerra dovette cambiare cognome per sopravvivere. Diventò Mihaileanu per affrontare il regime nazista e successivamente il regime stalinista. Anche se io ho tratto benefici dalla sua scelta, esiste in me un conflitto tra queste due identità. D'altronde, ho a lungo sofferto per il fatto di essere considerato un "estraneo" nel luogo dove mi trovo, che sia la Francia, la Romania o qualsiasi altro paese ovviamente. Oggi lo considero una ricchezza e sono felice di sentirmi ovunque partecipe e al tempo stesso estraneo. Probabilmente è per questo che all'inizio i miei personaggi hanno immense difficoltà e fingono di essere quello che non sono: per liberarsi da se stessi e cercare di gettare un ponte verso gli altri.

Il film parte subito su una nota ironica con la manifestazione degli ex comunisti che in realtà sono delle comparse...

Quando sono andato in Russia con Alain-Michel Blanc, siamo rimasti colpiti da questa manifestazione che si svolge tutte le domeniche mattina a Mosca e che cristallizza il paradosso della nuova società russa: da un lato, gli ex comunisti pervasi di nostalgia, i venditori di medaglie che smerciano la loro mercanzia a manifestanti e turisti e, dall'altro, i nuovi capitalisti duri e puri. In mezzo, c'è una grande quantità di persone, di cui alcune sono un po' smarrite. Ho trovato questo contrasto tragico e comico al tempo stesso.

Attraverso la metafora del concerto, il film parla dei rapporti fondamentali tra il singolo e la collettività.

Durante il missaggio ho capito che questa metafora è insita anche nella scelta stessa del concerto che occupa la parte finale del film, il *Concerto* per violino e orchestra di Čajkovskij. Secondo me, alla base dell'attuale crisi, c'è proprio il rapporto tra il singolo e la collettività. Oggi constatiamo che abbiamo raggiunto il massimo grado di individualismo e che gli esseri umani si sentono in una situazione precaria rispetto al mondo: vorrebbero mantenere i diritti fondamentali dell'individuo, tornando tuttavia a una società più solidale. E mi sono reso conto che quel *Concerto* di Čajkovskij non potrebbe essere armonioso se il violino e l'orchestra non fossero complementari. Se il violino non suona bene, l'orchestra va per conto suo e viceversa, i due elementi sono indissociabili. La crisi dimostra con forza l'importanza di questo binomio: il legame tra individuo e collettività deve essere molto solido e, per trovare l'armonia e il benessere, bisogna cercare di suonare il più possibile all'unisono.

Quest'armonia si forgia anche attraverso gli scambi tra russi, gitani e francesi che hanno tutti una visione del mondo molto diversa...

È quello che oggi si chiama "dialogo interculturale": in ogni società, compresa quella francese, grazie alle ondate migratorie, è molto presente la mescolanza delle culture, che arricchisce tutti, malgrado le difficoltà che comporta. È il nostro mondo di oggi e lo sarà ancora di più domani. Ed è quello che descrive il film, quando un gruppo di semi-barboni russi, gitani ed ebrei, originari di Mosca, approda a Parigi: è l'incontro fra una cultura slavo-orientale e una cultura occidentale, ricca e cartesiana. All'inizio lo shock è esplosivo: i "barbari" dell'Est, di cui io faccio parte, arrivano nel paese dei "civilizzati", che temono che i loro diritti acquisiti siano minacciati e che le regole che hanno definito non vengano rispettate. Ma alla fine, malgrado le tensioni, da questo incontro scaturiranno bellezza e luce. E il concerto esprime l'armonia che nasce da questo scontro fra culture.

Appunto, come si può definire "l'armonia suprema" di cui spesso parla Andreï nel film?

È il sogno che vogliono realizzare i miei personaggi russi che sono stati messi al bando dalla società. In qualche momento della nostra vita, siamo tutti stati messi alla prova e "al tappeto", come si dice nel pugilato. È molto difficile rialzarsi ed è proprio questo che i miei personaggi tentano di fare. Cercano innanzitutto di ritrovare l'autostima e poi di rimettersi in piedi e di tornare a essere degli esseri umani con una dignità. Per ritrovare un'armonia suprema, anche solo per un secondo, per il tempo di un concerto, e per dimostrare a se stessi che hanno ancora la forza di sognare e di stare in piedi. È una piccola vittoria sulla morte, che ci spia da dietro le quinte. Sono interrogativi che possono riferirsi anche a chi non ha mai sofferto in modo tragico: sono capace di sognare, di desiderare di raggiungere "l'armonia suprema"? Sono in grado di cambiare?

Come si può descrivere l'umorismo del film?

L'umorismo che preferisco è quello in reazione alla sofferenza e alle difficoltà. Per me, l'ironia è un'arma gioiosa e intelligente, una ginnastica della mente, contro la barbarie e la morte, un modo per spezzare la tragedia che ne è la sorella gemella. Di fatto, nel film, l'umorismo deriva da una ferita che si è aperta trent'anni prima, nell'Unione Sovietica di Brežnev. A quell'epoca, i personaggi sono stati umiliati e messi al tappeto. La loro volontà di rialzarsi e di riconquistare la dignità si esplicita anche attraverso l'umorismo. Al di là della loro tragedia, i protagonisti di *Il concerto* trovano la forza di portare fino in fondo i loro sogni, grazie all'ironia. A mio parere, è la più bella espressione dell'energia vitale.

C'è anche una sorta di umorismo picaresco che scaturisce dall'incontro fra russi e francesi...

Anche all'interno della loro società, i personaggi russi del film stonavano un po', vivevano ai margini. Al loro arrivo in Francia, la contrapposizione è ancora più sorprendente e suscita dei contrasti che trovo molto divertenti. Per questo ho voluto apporre qualche "tocco di colore" esotico, caratteristico di quest'orda di slavi, nell'universo della società francese, che appare monotono e assopito quando è visto da una certa distanza.

E lo ritroviamo anche nel contrasto fra le ambientazioni in Russia e in Francia.

Esattamente. Abbiamo cercato di sviluppare un trattamento diverso delle due società attraverso le scenografie, i costumi, le luci, i suoni e la messa in scena. In Russia, gli ambienti e i costumi sono al tempo stesso colorati e "avvizziti", antiquati, le linee sono spesso caotiche, mentre Parigi è più luminosa, spesso dorata, piena di contrasti e raffigurata con tratti rettilinei, con quadrati. Per esempio, quando i russi telefonano al direttore del Théâtre du Châtelet, sono in uno squallido sgabuzzino, dagli arredi e dai tratti confusi, situato nel seminterrato del Bolshoi, in un ambiente acustico rumoroso, mentre l'ufficio del loro interlocutore parigino è magnificamente arredato, quasi bianco, pulito, silenzioso e perfettamente rettilineo. Mentre i russi sono nell'imperfezione totale, il francese, interpretato da Berléand, tende verso una certa perfezione. Inoltre, i russi sono spesso filmati con la macchina da presa a spalla, perché sono in costante movimento, sono "inquadrati male", mentre Duplessis e la sua squadra sono più che altro filmati in modo simmetrico, con la macchina da presa fissa o che fa dei movimenti controllati. Mi piace anche molto la scena del ristorante tra Andreï e Anne-Marie. Il contrasto fra il loro abbigliamento mi ricorda molto il mio arrivo in Francia: Andreï indossa un vestito nuovo, ma che sembra troppo grande e di altri tempi, pur essendo presentabile, dal momento che vuole essere all'altezza della cena; Anne-Marie ha un grazioso chemisier color argento, semplice, moderno, sobrio. I suoi gioielli discreti brillano come i suoi occhi e le luci che li circondano, internamente ed esternamente. Solo Andreï sembra un inserto rappezzato nella Ville Lumière.

Il modo in cui i russi si impadroniscono del francese è esilarante!

Anche in questo caso mi sono ispirato a un'esperienza personale. Quand'ero piccolo, ho imparato il francese con una signora di origine francese di circa settant'anni che aveva lasciato la Francia per seguire un rumeno di cui si era innamorata. Avendo lasciato il suo paese da molto tempo, si esprimeva in una lingua che non si parlava più in Francia. Quindi ho imparato un francese letterario e molto antiquato e, quando sono arrivato in Francia, anch'io ho usato gran parte delle espressioni arcaiche che usano i miei personaggi nel film. Ricordo, per esempio, di aver ringraziato una signora che mi aveva aiutato a ottenere il visto d'ingresso dicendole: *"La bacio calorosamente"*! E in effetti avevo letto in numerosi libri che il "baciamano" era un gesto alquanto rispettoso... I miei personaggi pensano di parlare un perfetto francese, ma in realtà risultano quasi incomprensibili: ho trovato in questa discrepanza un effetto comico molto efficace. È anche un modo per rendere omaggio a una generazione che ha adorato la cultura francese e che oggi sta scomparendo.

Eppure, ognuno dei protagonisti russi ha una conoscenza del francese che gli è propria.

Sì, ci sono tre registri linguistici differenti che ci hanno molto divertiti durante la fase della scrittura. Innanzitutto c'è Ivan, che pensa di padroneggiare meglio di tutti la lingua (evidentemente l'ha imparata con un'anziana signora francese negli anni cinquanta) e compone delle frasi pompose: se la cava abbastanza bene, malgrado commetta numerosi errori di significato e di sintassi. Poi c'è Andreï, che parla un po' meno bene, ma conserva una certa preziosità arcaica, infarcendo le sue frasi di "non è così?" a ogni piè sospinto. E infine c'è Sacha, il suo miglior amico, che ha un vocabolario molto limitato e parla un francese maccheronico, aiutandosi con qualche parola russa.

Il film descrive il tipo di intellettuali e artisti che c'erano sotto Brežnev.

Anche se una leggera brezza di libertà si era messa a soffiare circa dieci anni prima della perestrojka, il potere cercava ancora di imbavagliare gli intellettuali, dal momento che ogni regime totalitario ha paura che le opinioni degli intellettuali si propaghino tra le masse e che queste ultime si ribellino. Brežnev diffidava in particolare degli ebrei che spesso si erano espressi su questioni sensibili e avevano parenti all'estero in grado di diffondere le loro idee. È per questo che Brežnev ha scacciato i musicisti ebrei dall'orchestra del Bolshoi, insieme ai russi che li hanno difesi. Allo stesso modo, il regime temeva i gitani, e le minoranze in genere, che non si sottomettevano alla sua autorità. Di fatto i gitani non hanno mai obbedito agli ordini in alcun paese: sono gli esseri umani più liberi della Terra. Ho voluto descrivere tra le righe questa realtà. Per contro, ho cercato di mostrare che un gesto di per sé insignificante, come il licenziamento di un direttore d'orchestra e di alcuni musicisti ebrei, può generare un trauma terribile in tutta una generazione che può impiegare anche trent'anni a riprendersi. È il caso di molti destini spezzati di persone originarie dei paesi dell'Est.

Attraverso la questione della trasmissione, lei si interroga anche sul significato dei valori.

Ho la sensazione che a partire dalla fine del Ventesimo secolo non abbiamo prestato abbastanza attenzione a una delle conseguenze della diffusione e dello sviluppo dei nuovi mezzi di comunicazione: la nascita della virtualità. Secondo me, è stata la virtualità a provocare l'attuale crisi: abbiamo messo da parte i valori reali, il lavoro, l'incontro, il tempo, l'amicizia, l'amore, la conoscenza, e abbiamo adottato sempre di più i valori virtuali, i soldi, l'informazione, il ritmo frenetico, la comunicazione, l'acquisizione di strumenti. Ho l'impressione che oggi gli esseri umani abbiano voglia di recuperare i veri valori. Capiscono anche che nello scambio con l'Altro risiede la vera ricchezza e cercano di ristabilire un equilibrio nel rapporto individuo-comunità. In quest'ottica, il film racconta che senza l'amicizia e senza questo viaggio per incontrare un'altra cultura è impossibile raggiungere la felicità.

In lei si percepisce anche una volontà iconoclasta di sconvolgere le convenzioni.

Penso che la vita sia fatta sia di regole sia di momenti in cui è necessario sconvolgere le stesse regole per andare avanti e sperimentare nuovi territori. I miei personaggi, che sono in uno stato di disintegrazione a causa della perdita del lavoro e della stabilità e non hanno nulla più da perdere, non hanno altra scelta che tentare di arrangiarsi: sono quindi condannati a rinnovarsi e progredire. In condizioni simili, tutto è possibile, anche a costo di infrangere le leggi stabilite: si fabbricano da soli il passaporto, non vanno alle prove per dedicarsi a vari traffici, insomma, vivono di espedienti e si ingegnano per sopravvivere. Tutti i miei personaggi hanno una componente poetica, i piedi per terra e la testa fra le nuvole, perché io credo che non sia possibile separare del tutto realtà e fantasia.

Come sempre è ricorso ad attori di origini diverse.

Sì. Ci sono innanzitutto cinque straordinari attori russi che sono molto famosi nel loro paese. Sono rimasto colpito dalla loro capacità di esprimere al tempo stesso l'interiorità e l'esteriorità e di recitare con tutto il loro corpo. In più, ho avuto la fortuna di lavorare con attori francesi eccezionali. Ma, soprattutto, è stato meraviglioso assistere all'incontro tra queste due scuole che a poco a poco sono arrivate a comprendersi. E non dimentico i miei amici attori rumeni! Insomma, è stato un melting pot incredibile.

Come ha diretto gli attori?

Ho avuto bisogno di un periodo di adattamento che si è svolto durante la preparazione, visto che io provo molto prima di girare. In particolare, all'inizio, c'è stato un piccolo braccio di ferro con i russi, che sono arrivati molto sicuri della loro superiorità e della loro incredibile tradizione e che, in pratica, volevano che io mi sottomettessi alla loro volontà. Era un gioco, un modo per mettermi alla prova. Hanno capito in fretta che sapevo esattamente quello che volevo, che anch'io venivo dall'Est e che la mia presenza aveva il solo scopo di aiutarli a sublimarsi. Da quel momento, hanno collaborato in modo molto costruttivo e sono stati fantastici.

La seconda prova di forza c'è stata nell'incontro tra François Berléand e i tre attori russi che volevano avere una sorta di ascendente su di lui. Inizialmente disorientato, François si è ripreso in fretta e, con umorismo, ha ben dimostrato loro la sua tempra di grande attore. È stato brillante, folgorante e li ha lasciati di stucco. Lo hanno subito rispettato, così come François ha rispettato loro.

E Mélanie Laurent?

L'avevo adorata in tutti i film che aveva interpretato prima, in particolare in quello di Philippe Lioret. Ma credo che abbia avuto il suo primo grande ruolo di donna in questo film. Abbiamo cercato di costruire un personaggio di donna realmente emancipata. Ci tengo a ringraziarla per tutto quello che mi ha dato, perché è stata semplicemente sublime. E attenzione: ha la stoffa della star!

Come si sono svolte le riprese?

Abbiamo girato per tre settimane circa in Romania, dove abbiamo ricostruito quasi tutta la parte russa del film, visto che è molto difficile girare in Russia. Ciononostante, abbiamo finito col girare due giorni a Mosca, perché avevamo bisogno di alcune riprese in esterni della città e della Piazza Rossa. A questo proposito, abbiamo vissuto un'avventura degna di un film, visto che alla vigilia delle riprese non avevamo ancora l'autorizzazione malgrado la stessimo sollecitando da sei mesi. Per miracolo, grazie all'intervento di Alexeï Guskov (Andreï), la situazione si è sbloccata! E abbiamo avuto la Piazza Rossa tutta per noi, una situazione davvero insperata. Ne abbiamo riso insieme, fingendo di essere la troupe di un film di James Bond.

E a Parigi?

È stato il mio primo set veramente lungo a Parigi, dove abbiamo girato in totale otto settimane. Devo dire che siamo stati accolti meravigliosamente al Théâtre du Châtelet, dal direttore ai macchinisti, e questo ci ha imposto un sentimento di grande rispetto. Spero che il film renda al teatro l'omaggio che merita e che permetta a molti di riscoprire questo luogo magico.

Le riprese del concerto vero e proprio sono di un virtuosismo impressionante. Come si è preparato?

È stato un incubo durato sei mesi! Avevo una paura terribile di quella scena perché il film si chiude sul concerto che rimane quindi impresso nella mente dello spettatore. Non potevo permettermi di sbagliare quella sequenza per nessun motivo, senza contare che non avevo mai filmato un concerto di musica classica. Ho iniziato guardando tutti i film sulla musica e diversi dvd di registrazione di concerti classici, rock eccetera. Così facendo ho imparato molto: qual è il "linguaggio" e l'importanza di ciascun strumento, in quale momento e in quale modo bisogna filmarlo affinché sia drammaticamente efficace. La sfida era tentare di essere un po' più spettacolare e moderno rispetto a una registrazione, pur restando fedele alla drammaturgia e ai personaggi e senza strafare. Per rendere gli attori dei musicisti credibili, abbiamo in seguito lavorato con alcuni istruttori. Abbiamo preparato la scena finale inquadratura per inquadratura. Avevamo tutti una serie di cartelli che indicavano il ruolo di ciascuno, sempre in funzione dei tempi musicali. Al momento delle riprese, abbiamo lavorato con tre macchine da presa che dovevano inquadrare ciascuna un musicista o una sezione. È stato un lavoro difficilissimo, a maggior ragione perché avevamo a disposizione solo quattro giorni e dovevamo proteggere il più possibile gli attori da tutta quella tensione. Infine, durante le riprese, ho dovuto tener conto dei flashback che avrei inserito in fase di montaggio, calcolandoli quasi al secondo, anche in funzione delle sonorità musicali.

È la seconda volta che collabora con il compositore Armand Amar.

Secondo me, la musica è realmente l'anima di un film: ne costituisce tutta la parte invisibile, quella che non viene svelata dalle immagini, è la sua storia segreta. In *Il concerto*, c'era, da un lato, la musica classica esistente che doveva essere adattata alle esigenze del film e, dall'altro, la musica originale. Come me, Armand è curioso delle altre culture: sentivo che dovevamo assolutamente fare emergere dalla partitura lo spirito slavo. Abbiamo ascoltato molta musica russa, liturgica, sovietica e contemporanea. Nella versione definitiva, la colonna sonora originale comprende musica sinfonica, dei cori che traducono l'ampiezza del tempo, del rapporto tra presente e passato, musica moderna e musica gitana. Del resto, il ritmo stesso del film è musicale. Spero che *Il concerto* si rivolga alla musica che ognuno di noi porta dentro di sé. E che i ragazzi non abbiano più timore della musica classica, pur continuando ad amare tutti gli altri generi musicali.

Come ha adattato il Concerto *di Čajkovskij ai vincoli imposti dal film?*

È stata una vera sfida: siamo partiti dal *Concerto* integrale, che dura ventidue minuti, per riuscire a ridurlo a dodici minuti, evitando che Čajkovskij si rivoltasse nella tomba! Abbiamo iniziato esaminando a fondo il *Concerto* per identificare gli elementi che si ripetevano e che potevano essere eliminati. In un secondo momento, è stato necessario far corrispondere i *crescendo* del *Concerto* con l'emozione che Radu voleva suscitare. Ma soprattutto, pur avendo soppresso alcuni tempi, abbiamo fatto in modo di evitare qualunque shock musicale.

Non è stato troppo difficile lavorare partendo da un Concerto *così conosciuto?*

Mettere mano a un brano del genere è stato un po' come commettere un sacrilegio. Conosco bene Čajkovskij perché, come lui, ho composto molte musiche da ballo. Ma non per questo si tratta di un compositore che fa particolarmente parte della mia cultura. Mi sento più vicino a Stravinskij o a Prokof'ev.

Ha lavorato in collaborazione con musicisti classici?

Sì, dal momento che lavoro regolarmente con musicisti e orchestrali di formazione classica. Ma ho soprattutto lavorato con la violinista Sarah Nemtanu che ci ha dato molte indicazioni tecniche estremamente utili.

Possiamo definire Il concerto *un musical?*

Secondo me, si tratta più che altro di un film in cui la musica incarna un personaggio a tutto tondo ed è il motore dell'intreccio che fa muovere i personaggi.

Come ha ideato le "tonalità" musicali del film?

Radu Mihaileanu ha scritto la sceneggiatura con in mente una serie di idee musicali precise. Era una specie di "capitolato", influenzato dalla sua esperienza del comunismo in Romania. Per esempio, voleva che a un certo punto del film la musica evocasse il realismo socialista. Per tutte le musiche d'intenzione, ho lavorato con un'équipe di sei persone, svolgendo prevalentemente il ruolo di arrangiatore. E Radu mi ha lasciato ampia libertà nella composizione dei temi emotivi che descrivono i personaggi.

Nel film coesistono molti registri musicali diversi.

Ho io stesso un'etichetta di "world music" e una buona conoscenza della cultura tzigana. Peraltro abbiamo anche usato della musica techno che ho fatto remixare da un dj.

Come si svolge la sua collaborazione con Radu per l'ideazione delle musiche?

Da *Vai e vivrai* siamo diventati molto amici e quindi il lavoro avviene in uno scambio costante tra noi. Radu è talmente perfezionista da spingere le persone ai limiti delle proprie possibilità e a me piace molto il suo modo di lavorare. È al tempo stesso estremamente umano, profondamente entusiasta e molto professionale. La cosa più importante per lui è che l'emozione riesca a filtrare.

Qual è il suo metodo di lavoro?

Sono autodidatta e lavoro a orecchio, quindi ho sempre l'impressione di fare qualcosa di nuovo, anche se si inscrive in un percorso che mi sono tracciato. Finché faccio delle scoperte, continuo. Il giorno in cui non scoprirò più nulla, smetterò.

Come definirebbe "l'armonia suprema"?

Per me è un modo di vivere. In questo mestiere, ci sono molti rapporti egocentrici fra produttori e autori. Quindi, l'armonia più grande consiste nel conservare una certa umiltà nei confronti degli altri in modo da poter instaurare un dialogo. Per me questo significa avere la capacità di fare un passo indietro per poter far valere meglio le proprie idee. Faccio fatica a dire a me stesso che ho creato qualcosa di supremo. Perché se è supremo, che senso ha continuare?

Intervista all'attore Alexeï Guskov

Conosceva i film di Radu Mihaileanu?

No, ma avevo sentito parlare di lui. La cosa più importante per me era che i suoi film rappresentano una sorta di confessione. Crea con molta sincerità e con tutto il cuore.

Come descriverebbe Andreï Filipov, il suo personaggio?

Lo adoro, quindi è difficile per me descriverlo. È come se parlassi di me stesso. Se anche lo spettatore gli vorrà bene, io sarò felice. Ha tutte le fragilità umane: è un uomo comune che si ritrova in situazioni fuori dal comune.

Ha una complicità fortissima con la moglie. Pensa che sia in gran parte merito suo se lui decide di portare a termine il suo progetto?

Nel dramma *Tre sorelle,* Anton Čechov scrive: "La moglie è la moglie". Nel brogliaccio dell'opera, Čechov aveva scritto tre pagine che descrivevano le riflessioni del protagonista sulla vita famigliare, che ha poi ridotto in una pagina fino a riassumerle in quest'unica frase. Il mio personaggio ha fatto tutto da solo nella sua vita, ma ovviamente non ci sarebbe riuscito se non avesse avuto accanto una persona cara.

Alla fine degli anni settanta lei aveva circa vent'anni. Si è basato sui suoi ricordi dell'Urss per costruire il personaggio di Andreï?

Quando avevo vent'anni, ero giovane, spensierato e il mio cervello funzionava in sintonia con la mia età. Mi piacevano la primavera, le ragazze e il vino di porto, che si chiamava *Les Trois Sept*. Ero felice e non sono stato testimone del terribile periodo stalinista. E sono sicuro che anche chi aveva vent'anni all'epoca di Stalin era felice.

Andreï è un personaggio ferito e roso dal senso di colpa. È stato difficile interpretarlo?

In quanto attore, è il più grande regalo che potevo ricevere da parte degli autori della sceneggiatura e del regista. Ciò che distingue un uomo da un animale è il senso morale, che comporta anche il senso di colpa. Ruoli così sono talmente rari che non so nemmeno come interpretarli. Per questo sono stato molto riconoscente a Radu e ai miei colleghi francesi e russi per il loro aiuto. E adesso tocca allo spettatore giudicare se ci siamo riusciti o meno.

Quali sentimenti nutre Andreï per Anne-Marie Jacquet?

I sentimenti che si provano quando si riesce a rinascere o a tornare indietro, a cancellare il dolore o a liberarsene. Se Anne-Marie lo perdona, la vita di Andreï torna normale.

È impossibile vivere con un senso di colpa, è meglio

confessarsi. Se siamo rosi dal senso di colpa, la vita ci sfugge. Per questo è importante per Andreï che lei lo perdoni, o meglio, che lo capisca, che comprenda e accetti la sua verità, visto che anche lei, come Andreï, è un'artista.

Come sono stati i suoi rapporti con gli attori francesi?

Ottimi. Abbiamo bevuto molto vino, abbiamo mangiato formaggio e ci siamo raccontati tante barzellette! Sul lavoro sono dei partner eccezionali. Ho avuto la fortuna di incontrare dei colleghi dotati di grande tatto e talento ed estremamente sensibili. Sono dei veri compagni e questo è fondamentale, perché non si può vincere una battaglia da soli. Li ringrazio tutti, Miou-Miou, François Berléand, Mélanie Laurent, Lionel Abelanski e tutti gli altri.

È stato difficile superare la barriera linguistica?

Sì, lo è stato. Però, se all'inizio delle riprese Radu e io abbiamo avuto bisogno di un interprete, alla fine bastava che Radu mi guardasse negli occhi perché io capissi cosa si aspettava da me e la presenza dell'interprete non è più stata indispensabile.

Non ho mai imparato il francese. Possiamo dire che non sospettavo nemmeno che esistesse, avendo sempre usato l'inglese. Ma adesso mi sento più vicino al francese, una lingua straordinariamente bella.

Che cosa ha provato a "dirigere" un'orchestra al Théâtre du Châtelet?

All'inizio, ero terribilmente spaventato. Poi ho provato un senso di stupore. In definitiva, grazie a questo film, ho scoperto il mondo della musica classica. "Abbiamo tutti studiato un po'," come diceva Puškin. Ognuno di noi conosce la musica classica e in quanto professore alla MKhAT, la scuola di teatro di Mosca, ne parlo con i miei studenti. Ma durante la lavorazione del film ero profondamente immerso in quell'universo. In effetti invidio le persone che hanno un talento musicale. Io non ne ho alcuno.

Come dirige gli attori Radu Mihaileanu?

Come un grande regista. È un despota malizioso. Sa esattamente che cosa vuole e per ottenere il suo scopo fa un numero infinito di riprese e utilizza qualunque mezzo. Ma quando un attore si rende conto che in questo modo arriva a superare i propri limiti e a fare più di quanto si credeva capace di fare, obbedisce. E ne deriva una sorta di amicizia creativa, di unione creativa. Questa si chiama "collaborazione vera". Noi attori siamo i coautori dei caratteri dei personaggi. Se avrò un'altra occasione di lavorare con questo regista, non avrò bisogno di discutere molto, non leggerò neanche la sceneggiatura. Accetterò e basta.

Cosa ha pensato del film?

Sono rimasto profondamente colpito dal tono di *Il concerto*. Secondo me, non parla soltanto del mio paese. L'arte cinematografica è meravigliosa perché parte da una storia semplice di un uomo comune ed è in grado poi di universalizzarla, nella tradizione di Chaplin, e di darle una dimensione epica, come avviene in questo film e come ho percepito io leggendo la sceneggiatura. È una vicenda che sarebbe potuta capitare a un direttore d'orchestra polacco, a un tedesco della Rdt, a chiunque viva sotto un regime totalitario. Il protagonista potrebbe essere un francese all'epoca di Robespierre o un americano ai tempi del maccartismo e della caccia alle streghe. È una storia slegata dalle realtà politiche, che potrebbe avvenire in qualunque paese. E per quanto riguarda i musicisti dell'orchestra, è la storia di un gruppo di persone che trent'anni prima facevano quello che amavano di più e che per trenta lunghi anni non hanno più potuto fare. Il film racconta come al loro arrivo a Parigi si aggrappano innanzitutto alla vita normale e solo l'arte, la musica, questa tecnica per strappare suoni meravigliosi ai loro strumenti, dà loro le ali.

Come definirebbe "l'armonia suprema"?

Spontaneamente e senza rifletterci troppo, direi che è l'amore. Poi si può ragionare sul fatto che in amore esistono numerose sfumature e l'arte è sicuramente una forma d'amore. Fin dai tempi della pittura murale, l'essere umano raggiunge l'armonia suprema facendo qualcosa di nuovo ed elevandosi rispetto alla vita ordinaria.

Intervista all'attrice Mélanie Laurent

Cosa l'ha attratta nella sceneggiatura?

Sono rimasta subito affascinata da questo gruppo di personaggi slavi un po' "in declino" e sono stata sedotta dall'alternanza molto ritmata tra le scene buffe e i momenti di emozione pura. La sceneggiatura mescola temi che mi toccano a livello molto personale: il comunismo e le speranze che ha incarnato, gli ideali scomparsi da molto tempo a cui ancora si aggrappano certe persone, il potere della mafia russa eccetera. Dietro la commedia e la leggerezza, c'è un intento politico che mi è piaciuto. Per quanto riguarda il mio personaggio, la prospettiva di suonare uno strumento, anche solo mimando i movimenti, mi ha davvero entusiasmato! E mi piaceva anche il fatto che fosse un vero ruolo di donna, anche se un po' più anziana di me.

Chi è, secondo lei, Anne-Marie Jacquet?

È una donna piuttosto fredda, ossessionata dalla musica, che vive in un mondo a parte. Ma, soprattutto, trattiene moltissimo le emozioni, fino all'ultima scena in cui si lascia completamente sommergere da esse. La difficoltà principale è stata costringermi a non sorridere. Io sono molto espansiva e ho dovuto lavorare moltissimo sul contenimento. Peraltro ho lottato con Radu perché la trovavo un po' troppo dura con Guylène.

Qual è il suo sguardo su Andreï?

Prova un'immensa ammirazione per lui. Probabilmente è stato lui a farle venire la voglia di esercitare questo mestiere: nel corso degli anni ha sicuramente ascoltato di continuo le sue registrazioni e oggi è la sua ragione di vita. Peraltro, la cosa interessante è che non ha mai suonato Čajkovskij e non sa spiegarsi perché. E decide di correre un rischio enorme suonando il *Concerto* in una fase cruciale della sua carriera, proprio perché c'è di mezzo Andreï. Per questo stesso motivo, accetterà di abbassare la guardia e di adattarsi ai metodi di lavoro poco ortodossi dei musicisti russi.

Come ha fatto a imparare il violino?

Mi sono allenata per tre mesi con una professoressa straordinaria: Sarah Nemtanu, primo violino solista dell'Orchestra nazionale di Francia, che è diventata un'amica. Grazie a lei, ho vissuto insieme a un'orchestra e ho visto come funziona. Questo mi ha aiutata ad affrontare il personaggio e ad acquisire una serie di tecniche per maneggiare il violino e l'archetto.

Ha riscontrato delle difficoltà particolari?

Sono mancina e il violino è l'unico strumento che non si inverte: la mano destra regge sempre l'archetto e per me è stato un vero incubo! È un movimento così poco naturale per me che alla fine mi è venuta una tendinite.

La sequenza del concerto è di un'intensità eccezionale.

È una scena che mi ha davvero impressionata. Nemmeno Radu aveva previsto che avremmo scavato così in profondità nell'emozione. Mi sono lasciata completamente sommergere dalla musica e ho vissuto un momento di trance. A un certo punto ho dovuto fermarmi perché avevo iniziato a tremare: ho lasciato andare il violino e sono letteralmente scoppiata in singhiozzi. A quel punto ho avuto la sensazione che il mio corpo diventasse musica. È stata un'emozione così intensa che per poco non sono svenuta.

L'universo della musica classica le era familiare?

Per niente. Ma oggi l'ascolto con grande piacere. E poiché anch'io faccio musica, mi diverto a individuare i primi violini. Quello che mi piace nelle riprese di un film è che non siano effimere, che mi facciano scattare dentro una curiosità e la voglia di scoprire una cosa che mi manca nella vita, come sul set di *Il concerto*. Ancora oggi continuo ad ascoltare il *Concerto* di Čajkovskij e a suonarlo nel vuoto, dall'inizio alla fine...

Come sono state le riprese con Alexeï Guskov (Andreï)?

Quando due persone non parlano la stessa lingua avviene qualcosa di bello: abbiamo recitato molto con gli sguardi e le sensazioni condivise. Ho trovato molto dolce il fatto di non comunicare necessariamente attraverso la parola: permette di lasciare tutto il suo spazio all'interpretazione, senza durezza negli scambi.

E con François Berléand (Duplessis)?

Ci siamo fatti delle risate incredibili, al punto da non riuscire più a smettere! È molto piacevole incontrare un attore brillante come lui che ha una vera dote per la leggerezza e l'umorismo.

Cos'è, secondo lei, "l'armonia suprema"?

Nel mio mestiere, sono i momenti di grazia. Per esempio, quando stai per girare una scena che non sai bene come affrontare e il regista ti sussurra una parola nell'orecchio e tutto si chiarisce: interpreti la scena e non ti appartiene più. Ho l'impressione che l'armonia suprema sia qualcosa che non ci appartiene più e che si realizza al culmine della perfezione. È una cosa che non è ragionata e che non riesci a raggiungere se cerchi di farlo razionalmente.

Che ricordo avrà di questo film?

Il Théâtre du Châtelet e l'esperienza di aver recitato con un'orchestra.

LA MUSICA È SOVVERSIVA
Approfondimenti

L'orchestra

*di Daniel Barenboim**

Edward Said disse che la musica ha in sé qualcosa di sovversivo. Come tante affermazioni in materia musicale, esprime qualcosa che riguarda più il modo in cui noi percepiamo la musica che la musica in sé. Non c'è dubbio, comunque, che Said avesse ragione: in musica, note e voci diverse si incontrano e si legano l'una all'altra in un andamento comune o in un contrappunto, che significa esattamente ciò che dice la parola – un punto contro l'altro. Tuttavia, anche nell'atto di sfidarsi a vicenda, le due voci si incastrano in maniera perfetta, arrivando a completarsi a vicenda. In tutta la musica vige una gerarchia permanente dell'ascolto che consiste nella differenza fra voci principali, secondarie e di accompagnamento. Il rapporto fra le voci principali e le secondarie è definito in maniera chiara dalle loro rispettive funzioni. Il rapporto fra queste voci e l'accompagnamento, invece, è meno ovvio; l'accompagnamento può sostenere o completare le voci principali e secondarie, ma può anche agire in maniera sovversiva, caratterizzando la musica in modo tale da costringere le voci principali a essere sempre consapevoli della figura di accompagnamento. Ma per quanto importante, l'accompagnamento non deve mai azzardarsi a mettere in discussione l'importanza delle voci principali. Nella

* Tratto da Daniel Barenboim, *La musica sveglia il tempo*, Feltrinelli, Milano 2007, pp. 61-86.

musica da camera e nell'orchestra una delle minacce più gravi all'equilibrio dell'ensemble viene dal fatto che gli strumenti, o i gruppi di strumenti che suonano lunghi passaggi di accompagnamento, hanno la tendenza a dimenticare la propria rilevanza, scadendo verso l'esecuzione passiva delle note. Deve essere spiazzante, per esempio, suonare la parte del secondo violino o della viola in una Ouverture di Rossini, dove il soggetto principale viene svolto dai primi violini o dai fiati, soprattutto se si sente che il proprio contributo potrebbe essere maggiore. Il risultato paradossale di questa frustrazione è però che il musicista, se perde la consapevolezza oggettiva del rapporto fra la propria voce e la voce principale, non solo sabota la preminenza della voce principale, ma degrada anche il proprio contributo. Il direttore austriaco Josef Krips si espresse in maniera assai stringata, anche se in termini non molto professionali dal punto di vista musicale, quando disse che gli accompagnamenti in Mozart possono essere aristocratici o plebei, ma mai burocratici.

Il movimento lento nella Sonata op. 13 *Patetica* di Beethoven si apre con una melodia apparentemente semplice. Quando lo esaminiamo più attentamente, però, ci accorgiamo che una voce principale serpeggia per l'intero passaggio, e che una linea secondaria di basso la accompagna, nel senso più pieno della parola – cioè non si limita a seguirla, bensì dice qualcosa di suo, salendo quando la melodia scende e viceversa –, quindi le due voci conversano e si influenzano a vicenda. Contemporaneamente c'è una voce mediana che garantisce una sensazione di continuità e fluidità.

Nell'ultimo Preludio dal Libro I del *Clavicembalo ben temperato* di Bach, ci sono tre voci diverse, ognuna delle quali gareggia per ottenere la nostra attenzione in momenti diversi. Le due superiori hanno uguale importanza e sono sicure di sé, intrattenendo un dialogo fra pari. La linea di basso ha un movimento lento, continuo, che svolge una funzione melodica assai meno importante ma è in grado di condizionare il dialogo fra le due voci superiori attraverso cambiamenti armonici che costringono le voci principali a stare continuamente sul chi vive.

Anche nelle arie operistiche di Bellini, Donizetti o Verdi, in cui è chiaro che c'è solo una voce principale, quella del cantante in scena, e che l'orchestra si limita a fornire l'accompagnamento, risulta evidente come questo svolga un'importante funzione ritmica e armonica, condizionando e caratterizzando palesemente la linea del canto.

Schönberg arrivò al punto di definire chiaramente l'importanza delle varie voci, indicando la linea principale, *Hauptstimme* – "voce guida" –, e la parte secondaria, *Nebenstimme* – "voce secondaria" o "di commento". La gerarchia che vige in tutta la musica rispetta l'individualità di ciascuna voce, che può non avere gli stessi diritti, ma certo ha la stessa responsabilità di tutte le altre. Ovviamente, è assai più facile raggiungere questo obiettivo nella musica che nella vita; com'è difficile nel mondo creare l'uguaglianza all'interno di una gerarchia!

Nei periodi dominati da regimi autoritari o autocratici gli artisti, nonostante le condizioni assai restrittive in cui vivevano, sono spesso riusciti a rimanere fedeli a se stessi. La cultura, in quei contesti, è spesso l'unico ambito in cui esercitare il pensiero indipendente, l'unico modo che permette alle persone di incontrarsi da uguali e scambiarsi liberamente le idee. La cultura diventa la voce principale degli oppressi, subentrando alla politica come forza guida del cambiamento. Spesso, nelle società che subiscono l'oppressione politica o che attraversano un vuoto di leadership, la cultura prende dinamicamente l'iniziativa e modifica le condizioni esterne, influendo sulla coscienza collettiva. Di tale fenomeno esistono molti esempi straordinari: la letteratura del samizdat nell'ex Blocco orientale, la poesia e la drammaturgia sudafricane durante l'apartheid, la letteratura palestinese nel mezzo di un profondo conflitto. Per contro, i regimi totalitari si sono serviti degli artisti, presentando le loro opere come il vertice di una società efficientissima e acculturatissima – uno degli sfruttamenti più cinici che si possano immaginare, poiché altera di proposito lo spirito della creatività artistica.

Una delle vittime di questo genere di sfruttamento fu Šostakovič, che rappresentò, attraverso la musica, la natura oppressiva della vita nell'Unione Sovietica. Stalin strumentalizzò la fama internazionale di Šostakovič, sostenendo che la sua musica ritraeva i valori positivi della società sovietica. Questa interpretazione volutamente erronea arrivò al punto di condizionare l'esecuzione della musica di Šostakovič in Occidente, dove la sua opera acquistò un carattere unidimensionale e una brillantezza di superficie che sono lontanissimi dal sarcasmo e dall'ironia che erano nelle intenzioni del compositore.

La cultura favorisce i contatti fra le persone e le avvicina, promuovendo la tolleranza. È per questo che Edward Said e io abbiamo dato vita al progetto del West-Eastern Divan con l'intento di riunire musicisti provenienti da Israele, dalla Palestina e da altri paesi arabi, per fare musica insieme, e poi – quando ci rendemmo conto dell'interesse sollevato da questa idea – per fondare un'orchestra. Prendemmo il nome del nostro progetto, West-Eastern Divan, da una raccolta di poesie di Goethe, che fu uno dei primi europei a interessarsi in maniera autentica alle altre culture. Egli scoprì per la prima volta la religione islamica quando un soldato tedesco che aveva combattuto in una delle campagne spagnole gli mostrò una pagina del Corano che aveva riportato con sé. Goethe provò un tale entusiasmo che cominciò a studiare l'arabo all'età di sessant'anni. Scoprì così il grande poeta persiano Hafiz, e da ciò trasse l'ispirazione per una serie di poesie focalizzate sull'idea dell'altro, il *Divano occidentale-orientale*, che fu pubblicato per la prima volta quasi duecento anni fa, nel 1819. È piuttosto interessante notare come, nello stesso periodo, Beethoven stesse scrivendo la *Nona Sinfonia*, il suo celeberrimo credo nella fratellanza tra gli esseri umani.

Le poesie di Goethe diventarono un simbolo dell'idea che è alla base del nostro esperimento di riunire musicisti arabi e israeliani. L'esperimento è iniziato nel 1999, a Weimar, il che rese ancora più appropriato dare all'orchestra questo nome tratto dalla raccolta di poesie goethiane. La piccola città della Turingia rappresenta per molti versi il meglio e il peggio della storia tedesca: dal Diciassettesimo al Diciannovesimo secolo Weimar fu la patria culturale di Bach, Liszt, Goethe e Schiller. La cittadina è ricca di monumenti e musei dedicati a queste grandi figure e alle loro opere intellettuali. Tuttavia, dalla Seconda guerra mondiale in poi, il campo di concentramento di Buchenwald, che sorge a poca distanza, ha gettato la sua ombra anche sugli intenti più alti e nobili dell'umanità, fungendo da costante memento dell'estremo opposto: la capacità umana di abbandonarsi a crudeltà, ferocia e devastazione. Questa storia complessa, che da allora si è intrecciata alla storia dello stato di Israele, fissò lo scenario della prima sessione dell'orchestra, di cui fanno parte giovani provenienti dalla Palestina e dai territori occupati, palestinesi provenienti da Israele, siriani, libanesi, giordani, egiziani e naturalmente israeliani.

Ogni volta che si suona, in un ensemble da camera o in un'orchestra, si devono fare nello stesso tempo due cose molto importanti. Una è esprimersi – altrimenti non si sta contribuendo all'esperienza musicale –, l'altra è ascoltare gli altri musicisti, il che è indispensabile per fare musica. Nel caso che si suonino gli archi, l'altro da ascoltare può essere il proprio vicino, con cui dividiamo il leggìo, suonando la stessa parte. Nel caso si suonino i fiati, l'altro forse sta suonando uno strumento diverso che contrappunta la nostra voce. In ogni caso, è impossibile suonare in maniera intelligente in un'orchestra se ci si concentra solo su una di queste due cose. Non basta eseguire benissimo la propria parte; se non si ascolta, il proprio suono può diventare così forte da coprire le altre parti, o così sommesso da non essere più udibile. D'altro lato, neanche ascoltare è sufficiente. L'arte di eseguire la musica è l'arte di suonare e ascoltare simultaneamente, l'una cosa intensifica l'altra. Ciò accade tanto a livello individuale che collettivo: l'atto del suonare è reso più intenso dall'ascolto, e ogni voce è resa più intensa dalle altre voci. Una delle ragioni principali per cui fondammo l'orchestra fu questa qualità dialogica intrinseca alla musica. Edward Said nei suoi colloqui con i giovani musicisti chiarì come la separazione fra le persone non rappresenta la soluzione di nessuno dei problemi che ci dividono, e che la mancanza di conoscenza degli altri non è di aiuto.

Durante il workshop avevamo intenzione di aprire un dialogo, di fare ognuno un passo avanti per cercare un terreno comune fra persone estranee. Con emozione osservammo cosa accadde quando un musicista arabo si trovò a dividere il leggìo con un musicista israeliano: entrambi cercavano di suonare la stessa nota con la stessa dinamica, la stessa arcata, lo stesso suono, la stessa espressione. Tentavano di fare insieme una cosa che appassionava entrambi, perché, dopo tutto, indifferenza e musica non possono coesistere. La musica esige un atteggiamento sempre appassionato, indipendentemente dal livello di competenza che si è raggiunto. Il principio fondamentale dell'orchestra era piuttosto semplice e dal momento in cui i giovani musicisti accettarono di suonare anche solo un'unica nota insieme, essi non poterono più guardarsi con gli stessi occhi di prima. Ma se nella musica erano capaci di sostenere un dialogo suonando insieme, allora voleva dire che anche il dialogo verbale normale, quello in cui si aspetta a parlare che l'altro abbia finito di dire quel che ha da dire, sarebbe stato molto più facile. Questo fu il nostro punto di partenza, e fin dall'inizio Edward e io fummo molto ottimisti, nonostante quello che lui definì "un cielo sempre più fosco", con una preveggenza che si è tristemente rivelata fin troppo esatta.

Sono giunto a credere che moralità e strategia non siano termini che si escludono a vicenda, anzi vanno per così dire mano nella mano in questo conflitto, allo stesso modo in cui è impossibile, nella musica, separare la comprensione razionale dal coinvolgimento emotivo. Il dialogo fra intelletto ed emozione può servire anche a mitigare un atteggiamento dogmatico verso la religione, dando vita a una voce importante che contrappunta la potenziale monotonia del fervore religioso. Il Vecchio Testamento, il Nuovo Testamento e il Corano sono tutte fonti di saggezza infinita, quando vengono letti da una prospettiva indipendente, antidogmatica. Leggere questi testi in maniera filosofica ci consente una migliore comprensione non solo della storia, ma anche del comportamento degli esseri umani. Tuttavia, laddove vengano interpretati letteralmente o senza la partecipazione di tutti gli aspetti dell'intelligenza umana, tali testi non possono fornire l'unica e sola linea di condotta per l'esistenza umana. In un discorso pronunciato a Marburgo, in Germania, nel febbraio del 2007, l'ex cancelliere tedesco Helmut Schmidt espose questa opinione, suffragandola con il racconto di diverse esperienze fatte nella sua lunga carriera politica. In molti casi, sostenne Schmidt, sarebbe stato impossibile prendere decisioni difficilissime senza ricorrere alla ragione. Le convinzioni religiose e morali andavano isolate dal problema in esame, che si trattasse di decidere il prolungamento della legge di prescrizione per il reato di omicidio o di negoziare con i terroristi che avevano rapito un esponente del governo. In casi del genere, i testi religiosi non potevano offrire alcun aiuto, e nessuna giustificazione poteva venire dall'affidarsi al proprio senso di moralità. In queste situazioni logoranti, Schmidt si era fatto guidare solo dalla ragione.

Il concetto di ragione ci riporta all'assioma di Spinoza secondo cui l'uomo pensa, e senza pensiero risulta inevitabilmente degradato. Musica e religione condividono un'ansia comune per il rapporto fra gli esseri umani, e fra l'uomo e l'universo. L'impegno nella musica esige una ricerca incessante dell'interezza nonostante l'infinita diversità presente in ogni singola opera; nella religione, questo atteggiamento ha il suo parallelo nella strenua lotta dell'individuo per raggiungere l'unità con il Creatore. La religione, però, si preoccupa soprattutto del rapporto fra l'uomo e l'universo, mentre la musica classica occidentale è più interessata a esplorare la complessità dell'esistenza individuale, e proprio per questo è considerata profana. Tuttavia, sia la musica che la religione in sostanza si cimentano con il paradosso del tentativo dell'essere finito di diventare infinito. Il compositore più capace di trascendere tale paradosso fu Bach, le cui opere, tanto quelle di musica sacra quanto quelle di musica profana, sono intrise di pietà e di profondo rispetto per l'individuo.

Nel West-Eastern Divan il linguaggio universale e metafisico della musica crea un collegamento fra questi giovani; il linguaggio della musica è un dialogo continuo. La musica è la struttura comune – il linguaggio astratto dell'armonia in antitesi con le molte lingue parlate nell'orchestra – che consente di esprimere ciò che è difficile o addirittura proibito rendere a parole. In musica, niente è indipendente. La musica esige un equilibrio perfetto fra intelletto, emozione e carattere. Addirittura, sono convinto che se questo equilibrio venisse raggiunto, gli esseri umani e persino le nazioni sarebbero in grado di interagire con maggiore facilità. Attraverso la musica è possibile immaginare un modello sociale alternativo, in cui l'utopia e il pragmatismo uniscono le forze, mettendoci in condizione di esprimerci liberamente e di ascoltare gli uni le preoccupazioni degli altri. Questo modello ci permette di intuire come il mondo potrebbe o dovrebbe funzionare, e come in realtà a volte riesce a funzionare. Fin dall'inizio, siamo stati convinti che i destini dei nostri due popoli – il popolo palestinese e il popolo israeliano – fossero collegati in maniera inestricabile, e che quindi il benessere, la dignità e la felicità dell'uno dovessero inevitabilmente essere quelli dell'altro. Sfortunatamente non è questa, oggi, la visione delle cose in Medio Oriente.

La prima sessione della West-Eastern Divan Orchestra, a Weimar, venne finanziata dal programma europeo delle Capitali della Cultura. L'anno seguente, il 2000, Bernd Kaufmann, che era responsabile di Weimar Capitale della Cultura nel 1999, si incaricò di cercare i finanziamenti necessari perché il progetto potesse continuare, poiché era chiaro che il nostro non poteva essere stato un evento unico, senza possibilità di replica. Quell'estate ricevemmo la visita dei membri del consiglio della Chicago Symphony Orchestra, che furono conquistati dal nostro progetto tanto da impegnarsi a ospitare l'orchestra l'anno successivo, a Chicago. L'offerta aveva il grande vantaggio di dare ai giovani musicisti – alcuni dei quali non avevano mai sentito dal vivo prima di allora un'orchestra sinfonica professionale, né tanto meno una delle maggiori del mondo – l'opportunità di assistere alle prove e alle esecuzioni della Chicago Symphony Orchestra nella sua sede estiva, a Ravinia. Con il procedere dell'anno, la situazione politica fra Israele e Palestina andò deteriorandosi ulteriormente, da ultimo sfociando nella seconda Intifada. Per giunta, nell'immediato futuro non c'era alcuna chiara prospettiva circa la possibilità di acquisire una sede. Per questi motivi, Edward Said e io accarezzammo persino l'idea di lasciare tutto in sospeso per un anno, ma questo comportava il rischio di perdere lo slancio accumulato in due anni di lavoro.

Nel dicembre 2001 ricevetti una visita di Bernardino León, che all'epoca era il direttore della Fondazione per le tre culture, in Spagna. Come il nome lascia intendere, lo scopo di tale fondazione è quello di favorire lo scambio culturale non solo fra le tre religioni, ebraismo, cristianesimo e islam, ma anche fra le tre civiltà collegate a ciascuna di esse. Bernardino León arrivò a Chicago con la proposta di continuare il progetto del Divan a Siviglia. Nelle nostre conversazioni, Edward Said e io ricordavamo spesso il fatto che musulmani, ebrei e cristiani erano riusciti a vivere in armonia solo una volta nel corso della storia: in Andalusia, e quel periodo era durato sette secoli. Quindi, entrambe le nostre parti accolsero subito con entusiasmo l'offerta di andare a Siviglia, e nel 2002 il workshop si svolse lì. La nostra linea, sia a Weimar sia a Chicago, era sempre stata quella di invitare i musicisti del luogo a unirsi all'orchestra – i tedeschi e gli americani che erano interessati al progetto –, e ciò aveva comportato la sensazione di appartenere di volta in volta al posto in cui ci si trovava, anziché sentirsi meramente un corpo estraneo in uno scenario anonimo. Quando arrivammo in Andalusia, ci rendemmo conto di quanto questo luogo si adattasse al nostro progetto: gli andalusi hanno secoli di storia in comune con gli ebrei e gli arabi, e quindi avevano particolarmente a cuore il progetto del Divan. Manuel Chaves, presidente della regione Andalusia, a quel punto si offrì di trovare una sede permanente per il workshop, una decisione questa che in nessun modo gli avrebbe portato dividendi politici. Quando gli domandai come mai, nonostante ciò, sostenesse così fervidamente il progetto, rispose che la Spagna in generale (e l'Andalusia in particolare), se oggi è quello che è, lo deve al fatto che ebrei e musulmani qui coesistettero per così tanti anni, contribuendo allo sviluppo del paese e della sua cultura. Se in qualche modo l'Andalusia poteva restituire oggi quello che aveva ricevuto da quei popoli nel corso dei secoli, sentiva che era non solo un dovere ma anche un privilegio sostenere questo progetto. Edward e io fummo molto colpiti dal suo modo così idealista di pensare.

Una delle tracce più visibili dell'ispirazione e dell'influsso reciproco fra le tre culture è l'arte decorativa *mudéjar*, presente in molti palazzi, chiese e sinagoghe di tutta l'Andalusia. La parola *mudéjar* viene dall'arabo *mudajjan*, che significa "quelli cui è permesso rimanere", in altre parole i musulmani che si sottomisero alla legge dei re cristiani, i quali a loro volta erano così affascinati dagli intarsi, dalle piastrelle e dalle ceramiche dei palazzi arabi e delle moschee, che assunsero gli stessi artigiani per costruire e decorare i loro palazzi e le loro chiese. Esiste un'estetica comune, che si riflette in molte strutture sacre e profane di tutte le culture di questo periodo; gli stessi motivi e disegni islamici venivano adattati alla croce cristiana e alla stella di David. Adesso, nella medesima regione, molti secoli dopo, ai musicisti della West-Eastern Divan Orchestra si offriva la possibilità di ricreare, in piccolo, questo scambio creativo, usando le strutture della musica classica occidentale come estetica comune.

Oltre al profondo significato simbolico del portare l'orchestra in Andalusia, sia il luogo dove si svolgevano le prove sia gli alloggi dei giovani musicisti erano l'ideale. L'ostello Lantana a Pilas, a circa quaranta chilometri da Siviglia, combina l'atmosfera di un campus universitario a quella di un ameno rifugio. In effetti un tempo era un monastero, e gli alloggi sono semplici ma più che adeguati. C'è una piscina olimpionica dove i musicisti possono sfuggire al caldo cocente dell'Andalusia (e di Beethoven!), e fra gli edifici in cui si svolgono le prove, la caffetteria e la casa dello studente ci sono folti prati verdi che spesso diventano luogo di conversazioni, di dibattiti o di semplici festeggiamenti fino alle prime ore del mattino. A Pilas, le prove si tengono per tutto il giorno, e l'insegnamento privato impartito dai membri della

Staatskapelle Berlin continua per tutto il tempo necessario perché ciascun musicista possa dare il maggior contributo possibile all'orchestra, indipendentemente dal grado di preparazione o di esperienza precedente. Per me è stata una fonte di grande piacere e di orgoglio che i musicisti della Staatskapelle si siano lasciati coinvolgere così tanto dal progetto da considerarlo come proprio. Questo impegno non era affatto scontato da parte dei musicisti tedeschi, per i quali il conflitto israeliano-palestinese era solo un problema di cui leggevano sui giornali. I musicisti della Staatskapelle sono ora completamente dediti al nostro progetto e non risparmiano gli sforzi per guidare i nostri giovani verso un modo di fare musica che mi sta molto a cuore.

La discrepanza fra i livelli più alti e più bassi di competenza e di esperienza dei membri dell'orchestra è incredibilmente cresciuta nel corso degli anni. All'inizio, tutti i musicisti erano studenti di un'età compresa fra i quattordici e i vent'anni, che mostravano un insolito talento musicale, ma molti di loro non avevano ricevuto l'istruzione necessaria per diventare musicisti professionisti. Col tempo, e con il sostegno degli insegnanti impegnati nel progetto e l'aiuto delle borse di studio all'estero, alcuni di questi studenti sono entrati in orchestre come Damascus Symphony, Israel Philharmonic, Cairo Symphony e persino Berliner Philharmoniker. La spalla e il primo contrabbasso di quest'ultima (un israeliano e un egiziano) e il primo timpano della Israel Philharmonic sono membri della Divan Orchestra, e a volte si trovano nella stessa sezione insieme a studenti che suonano i propri strumenti solo da due o tre anni. Per gli studenti è un'opportunità magnifica; da parte dei professionisti è un gesto di generosità e dedizione alla causa dell'orchestra. Dopo tutto, il progetto non ha come unica finalità che l'orchestra suoni nei concerti; i professionisti che continuano a tornare con l'orchestra non lo fanno solo per gli aspetti musicali, ma perché questo è un modo umanitario di affrontare un conflitto che naturalmente è anche il loro.

La West-Eastern Divan Orchestra, è chiaro, non può portare la pace. Tuttavia, può creare le condizioni per una comprensione senza la quale è impossibile anche solo parlare di pace. Può stimolare la curiosità dei singoli, inducendoli ad ascoltare i racconti altrui, e può ispirare il coraggio necessario a udire ciò che si preferirebbe non udire. Poi, avendo ascoltato l'inaccettabile, forse diventa possibile accogliere almeno la legittimità del punto di vista altrui. Spesso la gente ha definito il Divan un meraviglioso esempio di tolleranza, un termine che non mi piace, perché tollerare qualcosa o qualcuno sottintende una implicita negatività: si è tolleranti nonostante la presenza di certe qualità negative. Il significato della parola tolleranza è del tutto improprio se vediamo in essa solo una forma di generosità altruistica. Racchiude in sé qualcosa di presuntuoso: io sono meglio di te. Goethe espresse in maniera sintetica questo concetto quando disse: "Limitarsi a tollerare è un insulto; la vera assenza di pregiudizi vuol dire accettazione". La vera accettazione, potrei aggiungere, significa riconoscere la differenza e la dignità dell'altro. In musica, questo è rappresentato perfettamente dal contrappunto o polifonia. L'accettazione della libertà e dell'individualità dell'altro è una delle lezioni più importanti che la musica ci impartisce.

La Rivoluzione francese ci ha dato tre concetti elevati e veritieri – libertà, uguaglianza e fraternità. Questi ideali non solo esprimono le aspirazioni dell'essere umano, ma sono anche articolati secondo un ordine logico. Non può esserci l'uguaglianza senza la libertà, e certo la fraternità è impossibile senza l'uguaglianza. La musica, che si sviluppa nel tempo, dimostra che l'ordine di comparsa del materiale determina inevitabilmente il contenuto come pure il modo in cui viene percepito. I giovani musicisti del Medio Oriente hanno la libertà di scegliere se partecipare o no al workshop del West-Eastern Divan. Ma sanno che se vengono, conosceranno l'uguaglianza che è loro negata in patria. Esiste una miriade di condizioni che creano l'uguaglianza all'interno dell'orchestra e che possono, con la disciplina personale, essere trasferite nella vita civile. Quando sono applicate a livello personale, queste condizioni aiutano a cambiare, se non la realtà politica, almeno la prospettiva individuale, che è la maniera più modesta, e al tempo stesso forse la più efficace, di cambiare il modo generale di affrontare il conflitto.

Come scrisse Edward Said: "Il mio amico Daniel Barenboim e io abbiamo scelto questa strada per ragioni umanitarie più che politiche, nel presupposto che l'ignoranza non sia la strategia giusta per una sopravvivenza sostenibile". Quando i palestinesi si trovano con gli israeliani per fare musica l'uguaglianza, l'elemento più assente dalla politica del territorio, è già un dato di fatto. Tale uguaglianza può darsi che sia solo il punto di partenza per riflettere sui requisiti indispensabili per la coesistenza, il primo dei quali è la capacità di comprendere la storia dell'altro, le sue preoccupazioni e ciò di cui ha bisogno per vivere ed evolversi. La musica o, come in questo caso, l'orchestra, non rappresenta una soluzione alternativa, quanto piuttosto un modello. La diversità all'interno del gruppo favorisce la coesistenza pacifica di identità nazionali diverse, oltre a liberare dai pregiudizi reciproci. Questo è uno dei motivi per cui la West-Eastern Divan Orchestra poté eseguire il Preludio e il *Liebestod* dal *Tristan und Isolde* di Wagner, in Spagna, Italia, America Latina, Gran Bretagna e persino in Germania. Sarebbe stato impensabile che i membri israeliani della Divan suonassero Wagner con un'orchestra composta esclusivamente da israeliani, considerato il tabù che esiste intorno a questo compositore. Questo piccolo esempio di sfida dimostra in maniera molto chiara come la natura del nostro progetto sia più umanitaria che politica.

Wagner è un compositore di tale importanza che questi giovani israeliani smaniavano dal desiderio di suonarlo, nonostante le associazioni negative legate alla sua musica e le dichiarazioni raccapricciantі fatte dallo stesso Wagner sugli ebrei, in particolare ne *Il giudaismo nella musica*, il famigerato pamphlet che il musicista pubblicò prima con uno pseudonimo e poi, dieci anni dopo, con il suo vero nome. A quel tempo, essere antisemiti faceva parte del carattere psicologico del nazionalista europeo (non solo del nazionalista tedesco). Nonostante il potere, il denaro e l'influenza che esercitavano sulla società europea, gli ebrei erano trattati come cittadini di seconda classe. Nel Diciannovesimo secolo, la sostanza dell'antisemitismo europeo stava nel fatto che gli ebrei, per quanto cercassero di integrarsi, continuavano a rimanere un corpo estraneo. L'antisemitismo di Wagner non aveva niente di eccezionale, egli fu solo eccezionalmente scrupoloso e preciso nell'articolare le sue opinioni razziste.

Quando salì al potere, Hitler si impadronì degli scritti che Wagner aveva dedicato all'arte tedesca e ai valori tedeschi – una definizione assurda in sé, poiché nessuna nazione può pretendere rispetto alle altre nazioni l'esclusiva su un valore, qualunque esso sia – e si identificò fortemente con l'eroico protagonista del *Rienzi*, immaginandosi come colui che avrebbe liberato i tedeschi da tutte le influenze straniere. L'affinità che Hitler sentiva con Wagner arrivò al punto che, in alcuni campi di concentramento, mentre gli ebrei erano mandati nelle camere a gas, venivano trasmesse le registrazioni della sua musica. D'altro canto, nei campi in cui i prigionieri avevano il permesso di suonare nelle orchestre allestite per gli ufficiali nazisti, era loro proibito suonare Wagner, perché la sua musica era giudicata troppo elevata per gli ebrei. In questo modo, le atrocità che hanno finito con l'essere associate all'opera di Wagner sono immense e, per alcuni, inseparabili dalla sua musica.

La discrepanza fra il genio musicale di Wagner e l'esecrabilità delle sue idee sugli ebrei è così sconcertante che Wagner è diventato l'argomento di centinaia di volumi. Senza dedicargli un libro intero, bisogna nondimeno riconoscere come egli sia una tessera essenziale nel mosaico della storia della musica. Vi sono diversi criteri per stabilire l'importanza di un compositore: da un lato, c'è la semplice questione del pregio ovvero della bellezza di un'opera; dall'altro, c'è da tenere conto della sua posizione nello sviluppo storico della musica. Senza dubbio, saremmo infinitamente più poveri senza la musica di Mendelssohn, senza il suo *Concerto* per violino, le sue *Romanze senza parole*, l'ottetto e molti altri suoi lavori. La bellezza e la perfezione della musica di Mendelssohn sono evidenti e trascendono ogni critica; tuttavia, se Mendelssohn non fosse mai esistito, lo sviluppo della storia musicale sarebbe stato più o meno lo stesso. Per contro Liszt, che fu un compositore di genio ma forse non possedette la maestria e la perfezione di Mendelssohn, influì in maniera tangibile e vigorosa sullo sviluppo successivo della musica. Il caso di Berlioz è analogo; del resto, l'influenza che questi due compositori esercitarono su Richard Wagner fu enorme, e sappiamo che senza Wagner non ci sarebbero stati Bruckner, Strauss, Mahler o Schönberg. Sono pochissimi i compositori che non solo hanno saputo ricapitolare in maniera eccelsa tutte le esperienze musicali precedenti, ma al tempo stesso hanno mostrato anche il cammino futuro, e Wagner è uno di essi.

Come davanti a ogni scelta importante che riguarda l'orchestra, la decisione se suonare o no Wagner venne messa al voto. I voti contrari furono molto pochi, e dato che l'orchestra è una società democratica, prendemmo la decisione di suonarlo, e da ciò scaturì un'esperienza straordinariamente potente per tutti coloro che vi parteciparono. L'estate successiva, Waltraud Meier venne a Pilas con noi per partecipare alle attività dell'orchestra e provare la *Nona Sinfonia* di Beethoven, che eseguì insieme a noi per cinque volte nel corso di quella stagione. Il pomeriggio del suo arrivo, le chiesi di scaldarsi la voce prima della prova dell'orchestra, perché le avevamo preparato una sorpresa. Waltraud credeva che ci avrebbe sentito provare la *Prima Sinfonia* di Brahms, nel programma della tournée, ed era divorata dalla curiosità. Quando sentì l'apertura del Preludio di *Tristan und Isolde,* Waltraud restò visibilmente commossa, e benché la sala prove fosse piena di ospiti e giornalisti interessati al programma – una specie di pubblico – la cantante si alzò in piedi e rivolta verso l'orchestra, dando le spalle al pubblico, intonò il *Liebestod*. L'esperienza commosse tutti – Waltraud, l'orchestra e me. Sentire questa meravigliosa cantante tedesca entrare in comunicazione con arabi e israeliani attraverso la musica di Wagner volle dire liberarsi tutt'a un tratto dalla stretta di un'infinità di umori opprimenti, di un'infinità di tabù. La musica, soprattutto nella West-Eastern Divan Orchestra, non è semplicemente un'attività condivisa che spinge le persone a unirsi in un modo che permette loro di dimenticare le differenze che le separano; al contrario, la musica stimola le persone a comprendere proprio tali differenze. Si tratta di un processo esistenziale che favorisce la riflessione e la comprensione, aiutandoci a scavare sotto la superficie, mettendoci in collegamento con la sorgente del nostro essere.

Ogni conflitto è capace, almeno in potenza, di determinare cambiamenti positivi se gli individui che vi sono coinvolti riescono a comprendere la legittimità degli argomenti della parte avversa, a volte permettendo persino che tali argomenti rivitalizzino il proprio modo di pensare. L'orchestra fu sottoposta a una dura prova quando, nel 2004, si presentò l'occasione di dare un concerto a Ramallah. Fin dal 1999 tenevo dei recital a Ramallah e presso la Birzeit University, e l'ansia che provai al pensiero di portare la Divan Orchestra a Ramallah mi rese molto sensibile alle paure e alle inquietudini dei giovani che stavano esaminando la possibilità di compiere questo passo davvero coraggioso, specie se si considera che molti di loro non erano mai stati in Palestina. Discutemmo a lungo dell'opportunità di andare o no, ma poi, alla fine, la tensione che era montata durante il dibattito sembrò sciogliersi quando ci rendemmo conto che recarsi a Ramallah quell'anno rappresentava un rischio troppo grosso per la sicurezza dell'orchestra. Ma l'anno seguente, il 2005, mi riproposi fermamente di riuscire a realizzare quello che per tutti noi poteva diventare un evento di proporzioni storiche: il concerto di un'orchestra formata da palestinesi, israeliani, siriani, egiziani, giordani nel cuore della Palestina. Era un'iniziativa che aveva dell'impossibile e fino all'ultimo fummo incerti di riuscire.

Ovviamente, il mio primo pensiero era per la sicurezza dei musicisti. La legge israeliana proibiva ai propri cittadini di avventurarsi nel territorio palestinese, come quelle siriana e libanese proibivano ai propri di attraversare il territorio israeliano, cosa però necessaria per raggiungere Ramallah. Gli unici due paesi i cui cittadini potevano recarvisi legalmente erano l'Egitto e la Giordania, i cui formali trattati di pace con Israele non potevano dirsi altro che glaciali. Ero deciso a sospendere tutto se ci fossero stati dubbi circa la sicurezza del viaggio o del concerto. Alcuni musicisti israeliani avevano fatto il servizio militare o addirittura erano ancora arruolati nell'esercito e si sentivano a disagio all'idea di recarsi a Ramallah, altri esitavano. Molti dei musicisti provenienti dai paesi arabi erano restii a recarsi in Palestina, se per arrivarci dovevano attraversare Israele e i posti di controllo israeliani. Alcuni musicisti spagnoli, poi, avevano paura, punto e basta. La decisione di andare a Ramallah, alla fine, ci fece toccare l'essenza dell'intero conflitto israeliano-palestinese, sollevando i temi della sicurezza e dell'identità nazionale, oltre ai timori e ai preconcetti verso la parte avversa che rendono così difficile il progresso politico.

Il governo spagnolo, con un'iniziativa ispirata da motivi idealistici e insieme pratici, si offrì generosamente di fornire a tutti i musicisti dell'orchestra un passaporto diplomatico spagnolo valido per la durata del viaggio. Tuttavia, ciò avrebbe risolto solo in parte il problema formale, giacché tutti i governi interessati sapevano benissimo quale fosse la cittadinanza legittima di ciascun musicista. Questa soluzione diplomatica servì soprattutto a ridurre l'angoscia o la paura dei singoli musicisti alla prospettiva del viaggio e delle conseguenze che questo avrebbe potuto avere nei loro paesi d'origine. Il governo spagnolo mise bene in chiaro di essere pronto ad assumersi la responsabilità di qualsiasi problema che i musicisti avrebbero eventualmente incontrato rientrando nei loro paesi d'origine, ma ciò offrì alle persone solo un sollievo limitato. Dai primi dell'agosto 2005 non facemmo che viaggiare, tenendo concerti in Spagna, Brasile, Uruguay, Argentina, a Londra e al Festival di Edimburgo. Nel corso della tournée, si svolsero discussioni infinite, e a volte interminabili, sui vari aspetti e le implicazioni di un viaggio a Ramallah. Bernardino León, che era segretario di stato per gli Affari esteri del governo spagnolo, venne in Brasile per partecipare alle discussioni con l'orchestra, cercando di tranquillizzare gli animi. Paura, curiosità, coraggio, diffidenza e un innegabile senso dell'avventura agitavano i musicisti; queste emozioni così intense riempivano le giornate di eccitazione e disperazione. Comunque, nonostante l'abbondanza di emozioni e l'alto livello di eccitazione, i rapporti fra i musicisti erano sempre improntati al rispetto reciproco. Quando arrivammo al voto, a grande maggioranza si decise di andare a Ramallah, fermo restando che nessuno sarebbe stato costretto ad andarci, indipendentemente dal voto che aveva dato.

Solo pochi musicisti decisero di non partecipare all'avventura, e tutti quelli che si dichiararono pronti a partire lo fecero di loro spontanea volontà e con piena coscienza dei rischi che la cosa comportava. Restava tuttavia da verificare se alcuni membri dell'orchestra avrebbero ricevuto dai loro governi il permesso di andare.

Il 18 agosto 2005 suonammo al Rheingau Festival di Wiesbaden, ed era già notte inoltrata quando finalmente potemmo confermare che l'orchestra era pronta a partire. La giornata era cominciata con l'incertezza di alcuni musicisti riguardo alla posizione dei loro governi rispetto al viaggio in Palestina. L'ex presidente spagnolo, Felipe González, e il ministro degli Esteri, Miguel Ángel Moratinos, si prodigarono attivamente in molti modi, fra l'altro inoltrando ai governi in questione tutte le informazioni del caso. Dopo aver ricevuto un messaggio molto diplomatico che, in sostanza, lasciava intendere il beneplacito dei governi, i musicisti cercarono un'ulteriore conferma di tale consenso attraverso i loro contatti personali, e così si arrivò alla decisione finale solo mezz'ora prima di iniziare il concerto a Wiesbaden. Dopo il concerto, comunque, alcuni erano ancora incerti. Per tutta la giornata, molti musicisti israeliani avevano subìto evidenti pressioni da parte delle loro famiglie, e alcuni dei musicisti spagnoli si erano sentiti ricordare dai loro parenti che questo era innanzitutto un progetto israeliano-arabo, che si avvaleva di un contributo spagnolo, e contestarono che per i musicisti spagnoli fosse indispensabile partecipare al concerto di Ramallah. Uno dei musicisti, un solista, sciolse la riserva solo a mezzanotte, annunciando che non avrebbe partecipato al concerto. A quel punto, nonostante l'ora tarda, Tabaré Perlas, il manager dell'orchestra, riuscì ad assicurarsi la partecipazione di un musicista della Staatskapelle, il quale si trovava a Berlino ma si disse pronto a salire il giorno dopo sull'aereo per Tel Aviv. Ma all'una e trenta del mattino

Perlas seppe che il solista aveva cambiato idea, decidendo che non avrebbe potuto negarsi questa avventura.

Il giorno dopo, per ragioni di sicurezza, i membri dell'orchestra vennero divisi in gruppi. Questi giovani musicisti avevano passato l'estate insieme, dividendo gli alloggi, i pasti, i leggii, e suonando insieme in alcuni concerti indimenticabili. Dividere l'orchestra in gruppi nazionali, a quel punto, diede a tutti l'occasione di riflettere e di prendere coscienza dell'importanza e della gravità della situazione. Il 19 agosto i musicisti israeliani e spagnoli si imbarcarono su un aereo per Tel Aviv. Gli spagnoli proseguirono direttamente per Ramallah, gli israeliani invece restarono in Israele fino all'ultimo momento, entrando nella West Bank appena in tempo per partecipare alla prova e al concerto. Al nostro arrivo all'aeroporto di Tel Aviv, trovai ad attendermi un gruppo formato dai genitori dei musicisti israeliani; alcuni erano venuti per dirmi quanto fossero orgogliosi che i loro figli partecipassero a un evento così unico, altri invece contestarono il mio diritto di proporre un'iniziativa a loro avviso irresponsabile e pericolosa, benché i loro figli fossero maggiorenni. Provai a ragionare con i genitori preoccupati, ma a convincerli in realtà fu solo il fatto che mio figlio avrebbe diretto l'orchestra. Quello fu senza dubbio uno dei momenti più difficili della mia vita; lo rese tollerabile, a posteriori, solo la portata storica dell'evento cui avevamo dato vita a Ramallah.

I musicisti arabi si imbarcarono su un aereo diretto ad Amman, così poterono entrare nella West Bank dalla Giordania. Arrivarono a Ramallah con Mariam Said, la vedova di Edward, il 20 agosto, pieni di riverente timore per essere stati autorizzati per la prima volta a entrare in Palestina. La loro eccitazione, comunque, era attenuata dal timore che all'ultimo minuto spuntassero degli ostacoli che avrebbero impedito all'altra metà dell'orchestra, quella proveniente da Israele, di entrare nella West Bank, un atto di per sé illegale. Per ragioni di sicurezza, nemmeno i membri dell'orchestra conoscevano l'orario d'arrivo dei colleghi israeliani, il che acuì la suspense già considerevole dell'attesa. Finalmente, la mattina del 21 agosto, a Gerusalemme, i musicisti israeliani vennero fatti salire a bordo di automobili tedesche del corpo diplomatico, a prova di proiettile, e superati i posti di controllo furono scortati dalla polizia palestinese fino al Palazzo della Cultura di Ramallah, dove si riunirono ai loro colleghi in un clima di euforia generale. In quel momento ancora una volta mi venne fatto di considerare come a volte sia più facile ottenere l'impossibile che il difficile. Era quasi incredibile che tutti i membri della Divan Orchestra fossero veramente lì, a Ramallah, in abito da concerto, pronti a provare e a suonare come se fossero in un posto qualunque del mondo.

Mustafa Barghouti, un vecchio amico di Edward Said e cofondatore insieme a Said della Iniziativa nazionale palestinese, ministro dell'Informazione del governo palestinese, diede il benvenuto all'orchestra, esprimendo la sua gratitudine per la fiducia che i musicisti mostravano verso di lui, verso di me e verso tutti i palestinesi responsabili dell'organizzazione del viaggio. Egli si rendeva conto delle inquietudini e delle incertezze che affollavano la mente dei musicisti, e giustamente dovette riconoscere che il suo personale coinvolgimento aveva contribuito in larga misura alla loro decisione di recarsi a Ramallah.

Le reazioni del pubblico palestinese che ascoltò il concerto si divisero fra quelli che compresero la profondità del messaggio trasmesso loro dall'esecuzione di quell'orchestra in quel luogo – e questi erano la maggioranza – e quelli che si lasciarono accecare dall'idea che un simile evento non fosse altro che una normalizzazione della situazione di fatto, in altre parole, un'accettazione dell'occupazione. I primi considerarono la nostra venuta come un modello dell'uguaglianza che si poteva raggiungere fra Israele e Palestina, visto il modo in cui tale uguaglianza si manifestava nella pratica musicale di questi giovani; i secondi, sfortunatamente, non erano in grado di sentire e vedere israeliani e palestinesi suonare insieme finché c'erano ancora i carri armati e i soldati israeliani alla periferia di Ramallah. Per gente così, ogni progresso è impossibile o quanto meno è gravemente ostacolato dall'attesa che si realizzino determinate condizioni prima di poter intraprendere un dialogo anche solo fra civili. Con costoro sono andati perduti sia il valore simbolico dell'orchestra, sia la sua capacità di trascendere l'idea che ciascuna delle due parti si è fatta dell'altra. Davvero un peccato, perché la musica non fa distinzioni di razza, sesso, religione o luogo di origine. Davanti a una sinfonia di Beethoven siamo tutti uguali e tutti possiamo trarne un insegnamento o un'ispirazione a seconda dell'inclinazione e della disponibilità individuali. Per quanto riguarda la fratellanza, essa non è una conseguenza inevitabile e scontata, tuttavia la musica offre le condizioni necessarie a favorirne lo sviluppo, e questo è qualcosa di molto prezioso e raro in Medio Oriente, oggi. In ogni caso, il concerto fu un trionfo e per molti un'occasione storica. Gli israeliani, cui non era stato consentito di lasciare il Palazzo della Cultura per l'intera giornata – secondo un accordo congiunto stipulato dalle autorità israeliane e palestinesi –, dovettero tornare in Israele appena terminato il concerto, addirittura prima che il pubblico lasciasse la sala da concerto. L'ironia della situazione fu che da un lato c'era l'impossibilità dell'idea e, dall'altro, la facilità della sua concretizzazione. I musicisti arabi e spagnoli festeggiarono l'evento per tutta la notte, prima di rientrare nei loro paesi, il mattino successivo. Tutti guardavano con grande favore al nuovo incontro previsto per l'anno successivo, senza avere il minimo sentore della terribile nube che stava per addensarsi su tutti noi, nell'estate del 2006, sotto forma della guerra insensata e feroce fra Hezbollah e Israele.

Nel 2006 alcuni musicisti arabi si videro negare il permesso di partecipare all'orchestra, se anche avessero voluto farlo – del resto alcuni trovavano inappropriato fare musica in un momento di grandi patimenti, giacché nella loro società la musica è considerata innanzitutto un'occupazione piacevole, e altri si sentivano a disagio all'idea di passare del tempo insieme con degli israeliani. Questo, ovviamente, valeva soprattutto per i musicisti libanesi e siriani, che in quel periodo non potevano lasciare i loro paesi o incontravano gravi difficoltà a farlo, a meno di non avere anche un'altra cittadinanza e poter salire a bordo delle navi o degli aerei messi a disposizione dei rifugiati dai diversi paesi. Ciononostante, il workshop continuò il lavoro con i musicisti israeliani, palestinesi, giordani e qualche egiziano. Il successo che il progetto ottenne nel 2006 va visto nell'assenza di defezioni da parte dei musicisti che avevano deciso di parteciparvi, poco conta se alcuni decisero di non partecipare affatto.

Una violinista libanese, che godeva anche della cittadinanza svizzera, arrivò in ritardo, sfinita ed esausta dopo un viaggio estenuante durato diversi giorni, ma volle partecipare ugualmente e da subito alle prove, cercando, come la maggior parte degli altri musicisti, di trovare un'oasi di normalità e una parvenza di vita ordinaria in mezzo alla violenza e alla brutalità della guerra. Nel corso di tutto il periodo precedente l'ordine di cessare il fuoco, si aveva la sensazione che una discussione seria sugli avvenimenti che stavano avendo luogo non fosse necessaria né possibile. In quel periodo potemmo solo immergerci completamente nella musica, scegliendo, almeno per la durata della guerra, di vivere solo nel regno infinito dell'espressione musicale per poter sopportare il dolore patito dai civili. Tuttavia, la realtà continuava ad affacciarsi nelle nostre vite, e Mariam Said e io capimmo che non potevamo apparire in pubblico in un periodo di guerra senza dichiarare apertamente le nostre convinzioni. Quindi proponemmo ai musicisti un testo che bisognava stampare sui programmi dei concerti, testo che venne sottoposto a votazione e accettato dalla grandissima maggioranza dei componenti dell'orchestra. Il paragrafo che si riferiva alla guerra diceva quanto segue:

> Quest'anno il nostro progetto è in forte contrapposizione con la ferocia e la crudeltà che negano a tanti civili innocenti la possibilità di continuare a vivere, di perseguire i loro ideali e i loro sogni. Da un lato la distruzione da parte del governo israeliano di infrastrutture vitali in Libano e a Gaza, lo sradicamento di un milione di persone e l'elevatissimo numero di vittime fra i civili, e dall'altro il bombardamento indiscriminato da parte di Hezbollah ai danni della popolazione civile nel Nord di Israele sono avvenimenti in totale contrasto con ciò in cui crediamo. Il rifiuto di giungere a un accordo per l'immediata cessazione delle ostilità, e il rifiuto di intraprendere dei negoziati per risolvere una volta per tutte e in ogni suo aspetto il conflitto, va anche contro la natura stessa del nostro progetto.

L'anno 2006 si concluse con un'esecuzione indimenticabile, il 18 dicembre, presso la sala dell'Assemblea generale delle Nazioni Unite, nell'ambito della cerimonia di addio per Kofi Annan. La Divan Orchestra si riunì al completo, con mia grande gioia; la maggior parte dei musicisti siriani e libanesi aveva voluto e potuto venire, e la loro presenza sul palcoscenico insieme con gli altri arabi e israeliani non fu solo importante per l'equilibrio dell'orchestra, ma costituì anche una potente dichiarazione d'intenti davanti alle Nazioni Unite.

La Repubblica indipendente e sovrana del West-Eastern Divan, come mi piace chiamarla, crede che qualsiasi vero progresso nel conflitto israeliano-palestinese richieda che entrambe le parti si parlino e si ascoltino a vicenda, con sensibilità e attenzione. Capita spesso che molti dei suoi cittadini ascoltino per la prima volta il dolore del racconto altrui durante il nostro workshop, e questo è inevitabilmente uno shock che li induce anche a riflettere sul passato e sulle sofferenze che durano ormai da un così grande numero di anni. Israele indubbiamente ha diritto a uno stato sovrano e legittimo. Israele ha bisogno di sicurezza; i palestinesi hanno bisogno di uguaglianza e di dignità. Queste necessità e questi diritti possono essere garantiti solo dagli israeliani ai palestinesi, e dai palestinesi agli israeliani. L'esercito israeliano è molto potente ed è probabilmente in grado di vincere la guerra contro un paese arabo, ma ciononostante è incapace di fornire a Israele la sicurezza che i cittadini chiedono. La sicurezza di Israele, nel lungo periodo, sarà raggiunta solo quando i palestinesi e i popoli vicini accetteranno Israele. L'occupazione dei territori è un ostacolo rispetto a questo obiettivo, e avrebbe dovuto cessare da tempo. Le decisioni unilaterali si sono rivelate disastrose; sono inaccettabili sotto il profilo morale e controproducenti sotto il profilo strategico. Solo negoziati onesti e coraggiosi fra tutti i partiti, siano essi coinvolti direttamente o indirettamente nel conflitto, possono portare a condizioni vivibili sia per gli israeliani sia per i palestinesi. Isolare questi partiti li renderà parte del problema, mentre la loro inclusione li renderà parte della soluzione. Sono stato spesso ammirato per certe mie iniziative, ma l'ammirazione spesso è stata accompagnata dall'allusione alla mia ingenuità. Tuttavia mi domando se non sia ancora più ingenuo contare su una soluzione militare che da sessant'anni non arriva. Il passato altro non è che il passaggio al presente, e il presente il passaggio al futuro; quindi, un presente violento e feroce condurrà in maniera inevitabile a un futuro ancora più violento e feroce.

Ogni membro della West-Eastern Divan Orchestra, indipendentemente dalle sue origini, partecipando al workshop dimostra di possedere una straordinaria dose di coraggio, di comprensione, di visione ideale. Così mi piace considerare questi giovani come i pionieri di un nuovo modo di pensare il Medio Oriente.

Finale

*di Daniel Barenboim**

La musica ha un potere che va oltre le parole. Ha il potere di commuoverci e la forza del puro suono riecheggia in noi finché dura la sua esistenza. Il potere che la musica ha su di noi è stato spesso oggetto di opere letterarie o di arte visiva, ma di rado è stato esaminato in maniera razionale, dal punto di vista fisico. È difficile distinguere fra la sostanza della musica e la percezione che ne ha l'ascoltatore. Probabilmente è per questa ragione che la musica, fin dai tempi di Omero, è stata a volte considerata come un potenziale pericolo per la salute dell'intelletto e persino della volontà; la musica poteva qualsiasi cosa, poteva indurre lo stato di allucinazione dionisiaca come sedurre Ulisse e tutti i suoi compagni, distogliendoli dal completamento del loro viaggio. Tuttavia l'orecchio educato affina la capacità di separare il contenuto della musica dai sentimenti che abbiamo imparato ad associarvi.

La musica è concepita, e poi realizzata, sempre dal punto di vista di un individuo. Di conseguenza, la soggettività è parte integrante e inevitabile della musica, anche se non l'unica. Benché non esista, quando si fa musica, la possibilità di un'esecuzione oggettiva, deve sussistere sempre un rapporto fra soggettività e oggettività, proprio come nella vita. In musica, anche la libertà

* Tratto da Daniel Barenboim, *La musica sveglia il tempo*, Feltrinelli, Milano 2007, pp. 109-125.

di velocità – il *tempo rubato* – non va concepita a proprio piacimento, bensì deve essere sempre in rapporto con la sottostante e inflessibile scansione del metronomo (in altre parole, il *tempo non rubato*); proprio questa connessione costante fra gli elementi flessibili e quelli inflessibili conferisce all'esecuzione musicale la ricchezza dell'essere contemporaneamente soggettiva e oggettiva. Con questa nozione ci troviamo ancora una volta davanti a quella che chiamerei la responsabilità morale dell'orecchio.

Poiché la musica si esprime solo attraverso il suono e si svolge in un tempo preciso, essa è, per sua stessa natura, effimera. Ciò che è essenziale in un'esecuzione musicale, e che è difficile raggiungere nella vita, è la capacità di ripartire sempre da zero. Ogni volta che si esegue un brano è necessario farlo con la freschezza del primo incontro e l'intensità dell'ultimo. È difficile avere il coraggio e la forza di partire dal nulla, analizzando le esperienze fatte nel passato per poi ripensare tutto da capo, in maniera diversa. Così come è altrettanto difficile infondere a una nuova esperienza la facilità, la naturalezza di ciò che ci è già familiare.

Non conosco altri artisti che si rivolgano al passato in maniera così intensa, e spesso esclusiva, come i musicisti che si dedicano alla musica classica. Poiché la musica del passato è senza tempo, universale e fonte sterminata di ispirazione, alcuni musicisti ritengono che limitandosi a un'esigua selezione di opere dei secoli andati potranno comprenderle con maggiore profondità. Credo, al contrario, che ci sia bisogno di tenersi in contatto o addirittura al passo con la musica contemporanea, per tenere sempre desta la propria curiosità. La conoscenza e l'esecuzione della musica contemporanea accrescono la comprensione dei capolavori del passato. Non solo ho provato piacere nel dirigere spesso opere di Pierre Boulez e di Elliott Carter, ma da loro ho tratto insegnamenti che si sono rivelati utilissimi quando poi sono tornato a Beethoven e a Wagner. L'esplorazione della musica moderna si differenzia da quella del passato soprattutto perché per scoprirla, e per sviluppare preferenze e gusti individuali come se ne hanno nei confronti della musica dei secoli scorsi, occorre uno sforzo maggiore. Se la si esplora solo per senso del dovere, non può esserci né la gioia né una scelta critica necessaria per individuare i lavori davvero meritevoli di essere eseguiti insieme alla grande musica del passato. L'importanza di un brano di musica contemporanea diventa più evidente se nello stesso programma lo si giustappone, per esempio, a una sinfonia di Beethoven. Il mio unico criterio per ciò che riguarda la nuova musica – o qualsiasi altro genere, se è per questo – sta nel fatto che, nel momento dell'esecuzione, la composizione deve riuscire a essere al centro del mio interesse e della mia attenzione, eclissando, finché dura, tutte le altre opere.

Le registrazioni discografiche, che preservano artificialmente l'effimero, hanno dimostrato l'inutilità di riciclare le nostre idee musicali con la semplice riproduzione di quell'intuizione avuta in passato, e di cui continuiamo a servirci per l'esecuzione di una data opera, come fosse uno strumento comodo e immutabile. Una registrazione è un mezzo assai più perfetto dell'uomo, se si vuole riproporre all'infinito un'interpretazione che fu il risultato di una comprensione spontanea; ma il dovere dell'uomo è quello di trovare le verità nuove e impellenti di un'opera, se dovrà studiarla ed eseguirla più di una volta. La musica perde il suo potere quando il musicista perde la curiosità e l'umiltà davanti a essa.

È fondamentale distinguere fra la natura della musica da un lato e dall'altro le associazioni che essa evoca – ancora un esempio di finitezza che precede l'infinitezza. L'anima di una grande opera racchiude tanta parte della natura umana, e dell'esperienza umana, quanta ne consentono l'intelletto e il talento del suo creatore. I movimenti o i modi di pensare che finiscono con l'essere associati all'opera in questione sono del tutto separati dal processo creativo e non dovrebbero mai essere confusi con lo spirito con cui l'opera è stata concepita. Di Beethoven si è fatto un grande uso e un grande abuso nella storia della politica tedesca da Bismarck a Hitler all'ex Repubblica democratica tedesca. Si pensi all'ironia della *Nona* di Beethoven suonata nell'epoca nazista: "*Alle Menschen werden Brüder*" ("Tutti gli uomini diventeranno fratelli"). In altre parole, i nazisti si impossessarono della proprietà creativa di Beethoven ridefinendo il suo concetto di fraternità per adattarlo al loro, che ovviamente non includeva tutta l'umanità.

La distinzione fra la musica e le associazioni che evoca potrebbe essere definita in termini più generali come la differenza fra la sostanza e la percezione. Troppo spesso, oggigiorno, cerchiamo di alterare la sostanza per adattarla alla nostra percezione. Quando suoniamo un pezzo musicale, è nostro dovere sgombrare la sua essenza da ogni significato estraneo, che può essere stato aggiunto da noi personalmente oppure essere il risultato dell'influsso esercitato da altri. Un esempio di ciò è la percezione, ovviamente erronea, che la tubercolosi di Chopin abbia influito in maniera riconoscibile sulla sua musica, da cui deriverebbe l'obbligo per il pianista di eseguirla in maniera anemica; un altro esempio è la tendenza generale a discutere della musica di Mahler non in termini musicali, bensì in un contesto psicoanalitico che spiega le sue nevrosi secondo le teorie di Sigmund Freud. Nonostante i vantaggi che derivano dalla familiarità con la biografia di un compositore – che può darci interessanti indicazioni circa la società in cui viveva e il posto che vi occupava –, è del tutto insensato usare la sua musica solo per raffigurare questo o quell'aspetto della sua vita.

Per quanto un individuo si sforzi di essere obiettivo, è inevitabile che vi sia sempre un elemento di soggettività; il confine tra contenuto e percezione non è sempre facilmente riconoscibile, benché sia sempre definito dalla pagina stampata. Come ho già detto, l'uso e l'abuso delle idee e della musica di Wagner furono parte integrante degli ultimi anni del Terzo Reich – anzi, di tutto il Terzo Reich. Questo regime primeggiò nella capacità di controllare e manipolare la percezione. I nazisti si appropriarono degli scritti antisemiti di Wagner, trasformandolo, a posteriori, nel profeta della loro ideologia. Non solo è comprensibile, ma è anche del tutto evidente, che chi fu sottoposto a questa manipolazione soffrirà ancora oggi per tali associazioni, e quindi non solo non vorrà, ma non sarà capace di ascoltare quella musica.

La musica non è né morale né immorale. È la nostra reazione che la fa diventare, nella nostra mente, l'una o l'altra cosa. La società di oggi attribuisce un significato negativo alla parola "controversia". Eppure, la differenza di opinione, e la differenza fra il contenuto e la percezione che ne abbiamo, è alla base di tutta la creatività. Non c'è ragione al mondo per costringere chi soffre a causa dell'associazione fra la musica di Wagner e l'ideologia nazista ad ascoltare la sua musica. In Israele è opinione generale che, mettendo al bando le esecuzioni della musica di Wagner, si mostri maggiore sensibilità nei confronti dei sopravvissuti all'Olocausto. In realtà non c'è alcuna giustificazione nel privare della possibilità di ascoltare Wagner chi per sua fortuna non soffre per queste associazioni terribili. Di conseguenza, il rifiuto di lasciare ascoltare la sua musica, oggi, rappresenta un'accettazione dei collegamenti creati dai nazisti. In verità la musica di Wagner venne eseguita durante il secondo concerto della Palestine Philharmonic Orchestra – oggi Israel Philharmonic Orchestra – a Tel Aviv, nel 1936, quando l'antisemitismo di Wagner era già ben noto.

Non è mia intenzione – non lo è mai stata, e mai lo sarà – costringere chiunque ad ascoltare questa o qualsiasi altra musica, e certamente non discuto le orribili associazioni mentali che i sopravvissuti all'Olocausto hanno riguardo a pezzi specifici di Wagner. Posso solo sperare che il tempo alla fine contribuirà a liberarli dai fantasmi che questa musica suscita in loro, così che alla fine saranno in grado di ascoltarla per quello che è veramente, e non per quello che ha finito per rappresentare. Non spetta a me dire a chi ha sofferto per quei terribili collegamenti cosa deve pensare di Wagner, ma credo sia importante ricordare a tutti coloro che sono pronti ad ascoltarla che la musica di Wagner in sé non fu la causa della sofferenza. Al tempo stesso, comunque, è altrettanto importante non imporre, neanche indirettamente, tali associazioni negative a quelli che per loro fortuna non ne soffrono. In una società democratica, la decisione di permettere o proibire una musica o un'altra deve essere presa solo a livello individuale, non può essere sancita da un atto di legge o, peggio ancora, essere il risultato di un tabù. Perché la legge è almeno il risultato di un processo mentale, mentre il tabù è il risultato di un sentimento collettivo, inconscio, la cui origine spesso è l'ignoranza o la paura. È una prerogativa dell'individuo quella di poter scegliere fra percepire la Marcia funebre del *Tristano* come espressione di nobiltà di sentimenti o come un ricordo dei condizionamenti mentali che Hitler voleva innescare.

Tornando alla differenza fra contenuto e percezione, non possiamo evitare di farci suggestionare dal contenuto – la musica di Wagner –, ma abbiamo la capacità di non farci suggestionare, per non dire dominare, dalle percezioni – cioè dalle associazioni che la musica evoca in noi. Come disse Kant, "se non fosse per la distinzione fra realtà e apparenza, saremmo tutti seguaci di Spinoza". Siamo schiavi – come Ulisse – delle associazioni mentali che sorgono in noi quando ascoltiamo la musica, almeno fin quando non ne comprendiamo la sostanza. Come abbiamo visto, anche se la musica può significare cose diverse per le diverse persone, e spesso cose diverse per la stessa persona in momenti diversi – poetici, matematici, sensoriali o filosofici –, non dobbiamo dimenticare che essa si esprime solo attraverso il suono, abbraccia tutte quelle sfere e le trascende.

L'inizio di un processo politico, analogamente all'inizio di una frase musicale, mette in moto qualcosa che lotta per avere vita e velocità proprie. Il popolo ebraico, vivendo in comunità minoritarie disperse ai quattro angoli della Terra, aspirava a conseguire l'indipendenza nazionale, e così, nel 1948, venne creato lo stato di Israele. La nascita di Israele fu irta di difficoltà e incontrò l'opposizione della popolazione non-ebraica della Palestina, ma Israele perseverò, con la forza di un Leitmotiv e il sostegno della voce della coscienza del mondo.

Nel conflitto israeliano-palestinese c'era, e ancora c'è, l'incapacità di ammettere l'interdipendenza di entrambe le voci implicate, oltre agli inevitabili cambiamenti portati dal tempo. La creazione dello stato di Israele fu il risultato di un'idea ebraico-europea, la quale, se vuole proiettare il suo Leitmotiv nel futuro, deve accettare che l'identità palestinese sia un Leitmotiv valido quanto il proprio. I palestinesi sentono Israele suonare il suo Leitmotiv nella tonalità sbagliata e aspirano a scegliere da sé la propria tonalità. Tuttavia, anche il Leitmotiv più potente dipende dalle modulazioni che si verificano al proprio interno. È impossibile ignorare i cambiamenti demografici che stanno avvenendo in Israele; adesso è più che mai necessario ascoltare i palestinesi, sia quelli dentro i confini di Israele sia quelli fuori.

Se si potesse tradurre il dialogo israeliano-palestinese in una grande opera musicale, esso acquisterebbe lo status e la distanza necessari perché entrambe le parti lo possano comprendere, valutare e percepire in maniera obiettiva. In un brano di musica, il fatto stesso che esistano simultaneamente due o più voci conferisce a ognuna legittimità, e nella musica occidentale non esiste mai un racconto unilaterale; il dialogo contrappuntistico presenta sempre almeno due racconti nello stesso momento e consente a ciascuno di presentarsi nella propria pienezza, mai però di parlare senza una controparte che sostiene, contraddice e completa la sua esposizione. Il racconto israeliano e quello palestinese – la loro opera di costante revisione e riscrittura della propria storia – si trovano nel medesimo stato di interconnessione permanente che esiste fra soggetto e controsoggetto di una fuga. Senza il controsoggetto, non c'è fuga. Né si può dire che il soggetto abbia un'importanza maggiore del controsoggetto, poiché è una realtà obiettiva che senza l'altro nessuno dei due ha una collocazione logica.

È essenziale che entrambi i popoli, immaginati come soggetto e controsoggetto, comprendano non solo il proprio racconto, ma anche l'esperienza umana dell'altro. In una fuga, il soggetto non ha la fortuna (o la disgrazia) di sentire solo la propria voce, ripetuta all'infinito. Il soggetto fa la sua enunciazione una volta sola, e quando si ripresenta deve dividere la scena con il controsoggetto, che, da quel momento in avanti, è un compagno fedele che ricorda continuamente tutto ciò che il soggetto in sé non è. Soggetto e controsoggetto si completano a vicenda e dipendono l'uno dall'altro per esistere nel mondo sonoro. Se gli israeliani e i palestinesi potessero vedere il parallelo fra il loro dialogo – o meglio, la sua mancanza – e la struttura della fuga, anch'essi prenderebbero coscienza dell'urgenza di coesistere.

Israele sta perdendo la sua capacità di rammentare; ricorda e basta. Anche questo sarebbe impossibile dentro una qualsiasi forma musicale. Quando, nella forma-sonata, un tema ha attraversato tutti gli sviluppi e le modulazioni possibili, e fa la sua seconda entrata nella ripresa, esso è il risultato dell'intera esperienza, e non solo di un unico evento, per quanto drammatico o importante possa essere stato. L'Olocausto, in termini storici, è un episodio. Ovviamente, in quanto episodio di esecrabile vastità, deve essere riconosciuto e studiato dal mondo intero, palestinesi compresi, per impedire che possa ripetersi in qualche altro momento, in qualche altro luogo nel mondo. Edward Said questo lo comprese perfettamente e lottò contro la stupidità e la crudeltà dei negatori dell'Olocausto. Negare l'Olocausto o sminuirne l'importanza non è solo stupido – perché significa aprire la porta a una ripetizione della catastrofe – e crudele – verso la memoria di coloro che sono morti e il coraggio di coloro che sono sopravvissuti –: è immorale.

È indispensabile dire "mai più", sia in senso soggettivo che oggettivo; comunque queste parole devono essere sottoposte a riflessione costante. Infatti, se vengono pronunciate senza la debita considerazione, possono diventare un riflesso ripetitivo, il quale, benché sia inteso come un omaggio a chi soffrì e morì, può assumere anche la natura di uno slogan. Se le parole "mai più" diventano uno slogan, diminuisce il loro impatto e si rende impossibile ogni discussione, poiché lo slogan, come abbiamo visto, è nel migliore dei casi una deformazione di un'idea originaria. In questo caso, la deformazione dell'idea può condurre facilmente a fare assegnamento sugli elementi militaristici della società, i quali a loro volta garantiscono che il futuro sarà dominato dalla paura come lo fu il passato.

Nel periodo successivo alla fondazione dello stato di Israele, l'Olocausto compariva di rado nel dibattito pubblico; a livello individuale, l'argomento era comprensibilmente evitato dai sopravvissuti per il dolore che riportava alla memoria, mentre la nuova generazione voleva dissociarsi a tutti i costi dall'immagine degli ebrei come vittime. Quindi, sia quelli che avevano avuto esperienza diretta dell'Olocausto sia quelli che, per loro fortuna, non l'avevano avuta, non amavano discutere dell'argomento. Negli anni cinquanta, la maggioranza dei giovani israeliani era impegnata nella creazione di una società ideale, in cui il sionismo camminava mano nella mano con il socialismo (il *kibbutz* ne è una chiara dimostrazione). Essi volevano vivere in maniera collettiva una vita che avesse senso e fosse giusta. Ma eliminare il passato dai pensieri di tutti i giorni produsse lo sciagurato risultato di far trascurare certi aspetti che pure avevano contribuito alla creazione dello stato. Ignorare il passato significò ignorare l'esistenza stessa della popolazione non-ebraica della Palestina.

La cattura di Adolf Eichmann, in Argentina, nel 1961, e il processo cui venne poi sottoposto a Gerusalemme, non significarono semplicemente consegnare alla giustizia un criminale – e che criminale, dato che Eichmann era stato uno dei primi sostenitori ed esecutori della "soluzione finale" –, ma rappresentarono anche un'esperienza educativa, necessaria per le giovani generazioni di israeliani proprio perché per molti anni l'Olocausto non era stato certo un tema pressante. In occasione del processo a Eichmann, per la prima volta i giovani d'Israele si trovarono ad affrontare l'orrore dell'Olocausto. E anche se il processo rinnovò il dolore e la sofferenza dei sopravvissuti, li mise in grado di aprire il loro animo alla nuova generazione. Le immagini del processo a uno dei peggiori criminali della storia, che la televisione trasmise in diretta, ogni giorno, proposero le più raccapriccianti testimonianze individuali e la cinica difesa dell'imputato, che sostenne di essersi limitato a eseguire gli ordini. La presenza costante e terribile del processo rese impossibile continuare a circoscrivere l'argomento. Se il male può essere definito come assenza di pensiero, secondo quanto scrisse Hannah Arendt nel suo libro *La banalità del male. Eichmann a Gerusalemme*, allora l'oblio è un suo parente stretto, e anche questa fu una lezione importante per i cittadini di Israele. Pensiero e moralità camminano tenendosi per mano, e certo non può esserci moralità senza pensiero.

Il senso della moralità senza dubbio appartiene al capitale storico del popolo ebraico, che grazie a esso è riuscito a sopravvivere alle forme più devastanti di antisemitismo. Israele sta sperperando questo capitale continuando l'occupazione e creando nuovi insediamenti in territori che non gli appartengono. Il bisogno di criteri morali è sempre stato alla radice del pensiero ebraico, in tutto il corso della storia; la giustizia, più che l'amore (come nella religione cristiana), è stata costantemente al centro del pensiero religioso degli ebrei. Tuttavia, dal 1967 in poi, il comportamento di Israele ha permesso ai palestinesi di sentirsi moralmente più forti.

L'orrore dell'inumanità dell'Olocausto va oltre la sofferenza che ha portato al popolo ebraico – la tragedia dell'Olocausto appartiene a tutta l'umanità. Quando noi ebrei diciamo "mai più", spesso ci riferiamo alla necessità di impedire che si ripeta lo stesso crimine contro il nostro popolo, mentre per il resto del mondo questa frase significa che un simile crimine non deve ripetersi mai più, in nessun luogo, in nessun momento, contro nessun popolo. Sono convinto che solo la capacità di vedere le cose in questa prospettiva consentirebbe a Israele di acquisire la lucidità mentale e la capacità emotiva necessarie per interagire con i palestinesi. E se è vero che i palestinesi non saranno mai in grado di accettare Israele finché non ne accetteranno la storia – compreso l'Olocausto –, è altrettanto vero che Israele non sarà in grado di accettare i palestinesi come uguali finché l'Olocausto sarà il suo *unico* criterio morale.

Se Israele vuole una collocazione stabile nel Medio Oriente, deve diventare una sua parte organica, prendendo coscienza della cultura preesistente e smettendo di fingere, come si è fatto per troppo tempo, che la Palestina sia solo un deserto e per giunta del tutto privo di cultura. Per rendere sicuro il futuro di Israele, è necessario che gli israeliani si aprano alla cultura araba. Questo non vuol dire che Israele debba negare le sue radici europee, quanto piuttosto che proprio questa eredità potrebbe essere arricchita e accresciuta affiancandole l'eredità mediorientale. Se Israele resta chiuso all'influenza intellettuale e culturale dei suoi vicini, continuerà a essere un corpo estraneo nel Medio Oriente, e questo avrebbe conseguenze disastrose sulla longevità dello stato; un corpo estraneo può esistere, dentro una società, una musica o un essere umano, solo per un tempo limitato. Si tratta di un problema diverso da quello del processo di assimilazione che gli ebrei dovettero affrontare in Europa per poter sopravvivere o per diventare cittadini a pieno titolo; il fatto di essere uno stato dovrebbe incoraggiare Israele a includere nella sua visione altri elementi, oltre a quelli che furono essenziali per la sua nascita.

L'idea pura e originaria del ristabilimento degli insediamenti ebraici in Palestina è stata inquinata da fazioni che credono che sia il controllo esercitato con la forza, anziché ciò che Martin Buber chiamava il comando dello spirito, a reggere il destino sociale e politico dell'umanità. Questa celebrazione della forza ha portato alla mancata comprensione o al fraintendimento del fatto che il comando dello spirito può significare solo che questa è una terra per due popoli, con storie opposte, ma diritti uguali. Come disse Buber: "Fra ebrei e arabi non può esistere una pace che sia mera cessazione della guerra, bensì solo una pace che sia sincera collaborazione".* In altre parole, la pace richiede il dialogo, che consiste nel parlare con sensibilità e nell'ascoltare spesso con dolore.

Nel corso della storia, la leadership si è sempre fondata – e questo probabilmente è un atteggiamento precipuo della natura umana – sull'effetto che può produrre a causa della debolezza delle persone, non della loro

* Paul Mendes-Flohr (a cura di), *A Land of Two Peoples: Martin Buber on Jews and Arabs*, University of Chicago Press, Chicago 2005.

forza; la leadership si è affidata più al desiderio dell'individuo di uniformarsi alla collettività che alla potenza frutto del contributo individuale di ciascun membro della società. La millenaria tradizione dell'individualismo ebraico, che fu almeno in parte il motore della fondazione dello stato di Israele, è stata annichilita, ironia della sorte, proprio dalla stessa mentalità che aveva cercato di unire i cittadini per il bene comune. Per tutta la prima metà del Ventesimo secolo, gli immigrati ebrei sono arrivati in Palestina animati da una visione in cui si mescolavano sionismo e socialismo; essi preferivano lavorare la loro terra da soli, piuttosto che sfruttare la manodopera locale non-ebrea. Anche se al fondo questa era un'idea nobile, in termini pratici essa significò che la popolazione non-ebraica venne privata della possibilità di guadagnare.

Fu solo nel 1967, dopo la Guerra dei Sei giorni, che l'elemento socialista della società israeliana cominciò a sbiadire, non in seguito a un processo mentale consapevole, bensì per l'improvvisa disponibilità di manodopera palestinese a basso costo. Così tornò in auge l'individualismo, ma troppo tardi e per ragioni materialistiche più che ideali. Durante questo periodo, in Israele vennero ammassate le prime ricchezze; il capitalismo per la prima volta si presentò come un'alternativa più attraente di quella di affidarsi alle risorse e all'energia collettive, e tutti gli sguardi si puntarono sugli Stati Uniti. Il capitalismo, comunque, non poteva rimpiazzare o superare in importanza gli aspetti positivi del socialismo. Così il risultato finale di questi sviluppi fu che Israele, abbandonato dal socialismo e dal capitalismo, è precipitato nel vuoto.

Gli ultimi sessant'anni hanno reso evidente come gli israeliani e i palestinesi non riescano a trovare da soli una soluzione accettabile, di conseguenza si rende necessario un aiuto esterno. Ma questo aiuto non può venire da un paese solo, come è stato negli ultimi decenni con gli Stati Uniti, perché ciò ha determinato l'insorgere di una dipendenza che ha modificato la natura della società israeliana, al punto che l'eredità europea è stata abbandonata a favore del cosiddetto stile di vita americano. Avendo raggiunto l'apice del loro potere, gli Stati Uniti hanno cominciato a perdere gradualmente l'egemonia mondiale, come la storia insegna che è successo a ogni altra superpotenza; nei prossimi venti o trent'anni, Israele dovrà cercare il sostegno di Pechino o Nuova Delhi anziché di Washington, e l'assenza di comunità ebraiche in queste città certo non faciliterà il compito.

Sono anche convinto che Israele dovrà investire molta più energia nelle relazioni con i paesi europei, soprattutto la Germania. Dopo la fine della Seconda guerra mondiale, la Germania certo ha fatto tutto ciò che era in suo potere per aiutare il popolo ebraico e per dimostrare una grande sensibilità verso gli ebrei. Ritengo tuttavia che la Germania si renderebbe ancora più utile se svolgesse un'opera di mediazione in Medio Oriente, lavorando costruttivamente a una soluzione praticabile sia da parte israeliana sia palestinese. Oggi un intervento di questo tipo è reso impossibile dal peso dell'Olocausto che grava sulla psiche tedesca. Israele potrebbe incoraggiare la Germania a togliersi il fardello del recente passato, per offrire il suo contributo straordinario al futuro della regione; l'intervento della Germania sarebbe un grande regalo anche per i palestinesi. Questa, secondo me, è la conclusione logica che scaturisce dal principio del "mai più".

In una certa linea del pensiero ebraico si è sempre manifestata la tendenza ad aderire all'universalità dell'esperienza umana. Questi pensatori – Spinoza, Heinrich Heine, Martin Buber e Sigmund Freud, fra gli altri – non hanno mai fatto distinzione fra ebrei e non-ebrei. L'estremo opposto rispetto a questa ampiezza di pensiero è rappresentato, in Israele, dai partiti politici religiosi, i quali definiscono i territori occupati "territori liberati" o, peggio ancora, "territori biblici liberati". Come dichiarai nel discorso che tenni all'Università ebraica di Gerusalemme, nel 1996: "La definizione di ebreo ortodosso è assodata; tuttavia, quella di ebreo laico è più complessa, e finché non riusciremo a darla, finché non saremo capaci di spiegare cosa porta una persona a essere e a sentirsi un ebreo, non saremo in grado di spiegarci il fondamento della nostra esistenza; non saremo neanche capaci di condurre un dialogo fra di noi, e fra noi e i nostri vicini palestinesi". Sebbene continui a non essere chiaro come, quando e addirittura se il conflitto sarà risolto, a me pare evidente che non si potrà mai raggiungere la conclusione del conflitto ricorrendo a una mentalità isolazionista o militaristica; la definizione moderna di ebraismo, e di Israele come stato ebraico, deve diventare più ampia, tornando all'approccio universalistico dei grandi pensatori ebrei del passato.

È essenziale comprendere la differenza fra potenza e forza, che è collegata alla distinzione in musica fra volume e intensità: quando si dice a un musicista di suonare con grande intensità, la sua prima reazione è di suonare più forte. In realtà, occorre fare il contrario: minore è il volume, maggiore è il bisogno di intensità; maggiore è il volume, minore è il bisogno di intensità. L'effetto prodotto dalla grande effusione sonora in Beethoven o Wagner è maggiore quando il suono non viene controllato forzatamente passo per passo; è meglio lasciarlo crescere in maniera organica, poiché la sua potenza naturale, intrinseca, è il risultato di una forza che si è andata accumulando in maniera graduale. L'incremento e l'allentamento della tensione sono fondamentali per l'espressione musicale. Per questo anche l'accordo più potente andrebbe suonato sempre in modo da consentire l'ascolto di tutte le sue voci interne; altrimenti manca di tensione e dipende esclusivamente dalla forza brutale, aggressiva. Bisogna poter sentire l'opposizione, bisogna poter sentire le note che contrastano con l'idea principale.

In altre parole, in musica i concetti di contrappunto e di trasparenza sono onnipresenti. Se un'esecuzione non è trasparente uditivamente, si arriverà a sentire solo parte della musica, non la sua totalità. Nelle opere di Mozart, in un ensemble perfettamente armonizzato, ogni singola voce esprime simultaneamente qualcosa di completamente diverso dalle altre. Nonostante le differenze del testo, però, c'è un preciso senso dell'organizzazione, a volte con le voci principali e secondarie, altre volte con le varie combinazioni possibili fra un certo numero di voci principali e secondarie. Un ensemble operistico mozartiano non si presenta mai solo come una semplice unità composta da un certo numero di voci diverse, ma esplora tutte le combinazioni possibili inerenti al numero di voci.* Sarebbe poco interessante la musica senza questa percezione di elementi distinti: persino nel momento in cui sono unificati, quando tutto culmina in un unico accordo, si devono poter distinguere le diverse voci.

Gli strumenti più potenti dell'orchestra, come trombe e tromboni, devono essere capaci di suonare dentro l'orchestra e non fuori. E vanno suonati in un modo che dia pieno risalto alla loro potenza, permettendo anche di udire gli altri strumenti. Se si consente loro di soverchiare gli strumenti più deboli, il contenuto della musica non sarà compreso come si deve e il suono non sarà veramente potente, ma solo forzato. Per questa ragione, suonare in un'orchestra richiede la consapevolezza costante di tutte le altre voci: bisogna esprimere la propria voce mentre contemporaneamente si ascoltano tutte le

* Un quintetto, per esempio, può consistere di un'unità composta da cinque voci: 2+3, 4+1, 2+1+1+1; 2+2+1, 3+1+1... In ciascun caso, i ruoli possono essere scambiati nel corso del pezzo suonato dall'ensemble; le due voci che cantano insieme possono cominciare cantando due parti e la loro unità può essere rimpiazzata da altre due voci.

altre. Fino all'epoca di Mahler, i compositori segnavano sullo spartito i cambiamenti dinamici verticali; in altre parole, un *crescendo* è indicato espressamente in un punto e si riferisce a tutti gli strumenti dell'orchestra. In questi casi, il direttore e i musicisti sono liberi di realizzare l'indicazione verticale in maniera udibile e in senso orizzontale, permettendo cioè agli strumenti più deboli di cominciare il *crescendo* prima del contrabbasso o dei timpani, oppure, nel caso del *diminuendo*, di fare il contrario. È possibile mettere la sordina a una tromba o a un trombone, ma è impossibile amplificare un flauto.

Abbiamo visto come l'idea della musica potrebbe rappresentare un modello per la società; la musica ci insegna l'importanza del collegamento fra trasparenza, potenza e forza. Ma se la musica è così umana, così totalizzante, come è possibile che mostri come Adolf Hitler l'abbiano amata tanto? Come possiamo spiegare il fatto che Hitler fosse capace di mandare milioni di persone nelle camere a gas e di commuoversi fino alle lacrime ascoltando la musica? Come poté Wagner scrivere una musica così nobile ma anche uno spregevole pamphlet antisemita come *Il giudaismo nella musica*? Sono convinto che riguardo alla musica non vi sia una sufficiente elaborazione intellettuale, solo reazioni viscerali, a livello quasi animale. Spinoza credeva che la ragione fosse la grazia salvatrice dell'essere umano; noi dobbiamo imparare a guardare la musica nello stesso modo in cui guardiamo l'esistenza umana.

L'inevitabile flusso della musica significa movimento costante – sviluppo, cambiamento o trasformazione. Nulla rimane fermo e quando un elemento viene ripetuto risulta diverso a causa del passaggio del tempo. Nella vita, però, l'essere umano non solo tende a sbarazzarsi appena può di ciò che è spiacevole o negativo, ma anche ad aggrapparsi saldamente a ciò che è invece piacevole o positivo. Entrambi questi desideri non tengono in considerazione il fatto che lo stesso essere umano è soggetto ai cambiamenti e alla velocità con cui questi avvengono.

Il potere della musica sta nella sua capacità di rivolgersi a tutte le sfaccettature dell'essere umano – alla sua parte animale, emotiva, intellettuale e spirituale. Spesso pensiamo che le questioni personali, sociali e politiche siano fra loro indipendenti e non si influenzino a vicenda. Dalla musica impariamo come questo sia obiettivamente impossibile, non esistendo in essa elementi indipendenti. Pensiero logico ed emozioni intuitive devono coesistere costantemente. La musica ci insegna, insomma, che tutto è collegato.

Ampio interludio: il *Concerto* di Čajkovskij

*di Alberto Cantù**

19 e 20 dicembre 1929. Queen's Hall di Londra la cui splendida acustica, nitida e sonorissima al contempo, verrà distrutta, con tutto il resto, dalle bombe durante la Seconda guerra mondiale. In due giorni Elman registra il *Concerto* di Čajkovskij con la London Symphony degli anni d'oro e sotto la bacchetta di John Barbirolli, "l'accompagnatore dei grandi" (grandi solisti strumentali tra cui Kreisler, Milstein, naturalmente Heifetz, Rubinstein, Backhaus, grandi cantanti). Un Barbirolli che, pur violoncellista e super accompagnatore, fatica un po', specie nel primo movimento, a sintonizzare con una "libertà creativa" del tempo e del fraseggio che rende molto difficile andare e cadenzare assieme.

Per questa registrazione, su etichetta Victor, Elman, come in quegli anni tutti gli allievi di Auer, sceglie la versione del *Concerto* "riveduta, corretta e scorciata" del suo maestro, cui aggiunge, qua e là, qualche estro "a capriccio" che è farina del proprio sacco.

Gli appassionati possono metterla a confronto con un'altra, di poco successiva (giugno 1934), di Bronislaw Huberman assieme alla Filarmonica di Vienna, direttore George Szell. L'Huberman che, da pioniere, incide la versione originale (sia pur con i soliti, piccoli tagli, ad

* Il presente capitolo è tratto dal libro di Alberto Cantù, *David Oistrakh. Lo splendore della coerenza*, collana "Grandi Violinisti", Zecchini Editore, Varese 2009, pp. 133-143.

esempio nel Ritornello del *Finale*, ancora oggi in uso). I dischi vengono pubblicati dalla Columbia, tra l'altro casa concorrente della Victor-Rca di Elman (e Heifetz). Oggi sono disponibili in cd su etichetta Apr.

La lettura di Elman restituisce un artista al meglio di sé quanto a capacità di distillare l'espressività di ogni nota, quanto a "suono d'oro" dalla cavata straordinariamente ricca e calda. Secondo una precisa strategia oratoria, l'enunciazione o il ritorno di ogni elemento tematico, vede l'aggiunta immancabile di una piccola pausa che, nel creare attesa, punta i riflettori sul tema prossimo venturo.

Quanto alle parti in recitativo-arioso, totale risulta la consonanza con il monito di Auer: "La parola Recitativo significa che hai qualcosa da dire e che lo devi dire in modo che l'ascoltatore possa comprendere il tuo racconto".

A giustificare altre letture – brillanti –, non dimentichiamo che il *Concerto* nasce, nel 1878, a Clarens, in Svizzera, dopo la tragedia d'un matrimonio fallito e un tentato suicidio, col sostegno entusiasta del giovane compagno di Čajkovskij, il violinista Yosif Kottek, assieme al quale il compositore "passa" molta letteratura violinistica. Piotr è particolarmente colpito da "la freschezza, la leggerezza, i ritmi piccanti, le belle melodie mirabilmente armonizzate" della *Symphonie espagnole* di Lalo che va dunque intesa come opera cui il *Concerto* deve qualcosa. Vistosi negare la dedica, Kotek rifiuterà poi di eseguire il brano čajkovskiano; l'ipotesi di una rivalsa è ragionevole e comprensibile.

A sua volta il dedicatario Auer ritiene il lavoro "troppo lungo" e "non violinistico" aggiungendo come, "malgrado il grande valore intrinseco, il componimento necessiti di essere completamente rivisto". Dopo la "prima" di Adolf Brodsky, decisamente ardito nella Vienna di Brahms e Bruckner – è il 1881; i Wiener sono diretti da Hans Richter; Hanslick stronca il brano con ferocia –

e dopo alcuni "assaggi" a Londra e Mosca, in pochi anni il *Concerto* diventa un pilastro del repertorio.

A questo punto anche Auer, convertito al componimento, lo accoglie pur apportandovi abbondanti ritocchi e vari tagli: tredici interventi, più "ossia" che tagli. "Ossia" funzionali alla resa violinistica, a che lo strumento "suoni" meglio e tagli solo nel *Finale* dove piccoli scorci nel Ritornello dell'*Allegro vivacissimo* (da batt. 69 alla 80) snelliscono e rendono scorrevole, ma a dispetto delle "insistenze" fine secolo così proprie di Čajkovskij, il Ritornello del *Rondò*. Il taglio è naturalmente mantenuto nelle riapparizioni del Ritornello.

Prendiamo gli interventi di Auer nell'*Allegro moderato* d'attacco: sei. Uno – le scale di terze durante lo sviluppo solistico (batt. 165-173) – è puramente a effetto. Gli altri cinque, invece, sono funzionali alla resa violinistica. Come nella *Canzonetta* (batt. 78-85) dove il tema è trasposto un'ottava sopra per cantare meglio. Nel *Finale*, oltre a quanto s'è già detto, ha senso l'alleggerimento delle batt. 189-195 in cui il pieno dell'orchestra e le ottave del violino danno una pesantezza un po' pianistica (Auer elimina le ottave del solista). Il taglio alle batt. 295-298, estendibile fino alla 304, serve per sveltire ed evitare le ripetizioni già indicate in un passo del Ritornello. Quanto alla cadenza, Auer arricchisce (batt. 476-487) la scrittura čajkovskiana con sequenze veloci a saliscendi.

In tale revisione il *Concerto* è proposto da tutti gli allievi di Auer: inizialmente anche Heifetz e, fra i non allievi e fra gli altri, David Oistrakh prima di optare per la versione originale sebbene con i tagli nel Ritornello del *Finale*. Tagli che i violinisti d'oggi hanno fortunatamente mandato in pensione.

Nel *Concerto* di Čajkovskij-Auer-Heifetz (aggiunte di Jascha che accentuano la brillantezza di scrittura: vedi Lalo), Heifetz reagisce agli eccessi di un violinismo irriducibilmente romanticheggiante. Lo dimostrano tanto le esecuzioni in studio quanto i riversamenti di live con la conferma di una prescrizione didattica che è la seguente: "Il *Concerto* è già così sovraccarico di sentimentalismo che voi dovete suonare le note. Verrà fuori lo stesso".

Assai diverso è l'approccio interpretativo di Oistrakh il quale, a proposito del celebre lavoro, dice d'avere voluto "rompere con il cliché abusato di una musica ricca d'effetti e virtuosistica" per avvicinarsi "invece al cuore della musica di Čajkovskij e farvi uscire l'essenza melodica anche negli episodi puramente ritmici e dinamici". Tratto in comune fra i due è il rigetto del sentimentalismo.

L'op. 35 di Čajkovskij è la cartina di tornasole di Oistrakh interprete e in assoluto il *Concerto* più eseguito dall'artista, sia in patria sia nel mondo, come sorta di bandiera nazionale o passaporto per ogni platea.

L'artista lo mette in programma, diciassettenne, a Odessa, nel febbraio 1924 e Čajkovskij è il suo trampolino di lancio sino a quando ventenne, il 10 ottobre 1928, a Leningrado con la maggiore orchestra sovietica e Nikolai Malko direttore, trionfa con tale lavoro avendo la meglio su uno strumento scadente. Con Čajkovskij, poi, vince, come abbiamo visto, a Bruxelles (stavolta in Russia gli hanno prestato uno Stradivari della collezione statale).

Per il primo festival musicale del dopoguerra, nel '46, ossia per la "Primavera di Praga" – idem vent'anni dopo – torna a Čajkovskij con cui, il 27 settembre 1968, prima di farlo in giro per il mondo, festeggia i suoi sessant'anni nella Sala grande del Conservatorio di Mosca, direttore Rozhdestvenskij (registrazione nel cofanetto Melodiya e in quello Brilliant; avvenimento filmato, oggi parte di un dvd Emi).

Prendiamo, dall'esecuzione per il genetliaco, l'*Allegro moderato* d'esordio: morbida eleganza senza accenti troppo marcati o sovreccitazione sentimentale, accordi larghi, scorrevolezza, eloquio caldo ma naturale e un "passo" sempre tranquillo (niente rotta di collo nella coda conclusiva), cadenza di grande compostezza con cura affettuosa dei dettagli, nitore del canto nella ripresa.

Ascoltiamo, in una *Canzonetta* tutto liquido dipanarsi dei legni, l'aurea misura con cui Oistrakh distribuisce senso di pace (sezione A e A') e pathos (B), distilla o accalora il canto e la dolcezza con cui "pronuncia" e risolve i trilli delle sezioni estreme.

Per tornare all'*Allegro moderato*, la fluida compostezza di Oistrakh si traduce, quanto al tempo dell'orologio, in 18'48" di contro ai 15'45" di Jascha Heifetz e del suo "elettricismo" nella lettura di riferimento con Fritz Reiner e la Chicago Symphony anno 1957 (Rca).

Certo. Il Čajkovskij di Oistrakh-Rozhdestvenskij è una sorta di Beethoven russo. È un "classico". Non conosce i dubbi e le inquietudini, i mancamenti e le estenuazioni della fine secolo e della sensibilità čajkovskiana che gli interpreti europei accentuano (una lettura per tutte e un caposaldo: Christian Ferras-Karajan-Berliner Philharmoniker, Dg; anche la giovanissima Mutter con la stessa bacchetta e la medesima orchestra sempre su etichetta gialla).

Non a caso nel *Finale, Allegro ma non troppo*, anziché seguire il dettato del compositore com'è sua consuetudine, Oistrakh si rifà alla tradizione russa: i tagli di Auer, accolti, come si diceva da tutti i suoi allievi, Heifetz incluso ma non solo. Questi tagli rendono il Ritornello del *Rondò* più scorrevole e fluido eliminandone le volute e già descritte "impuntature". Lo fanno più "classico", insomma.

Tutto vero. Tale lettura, però, deve fare i conti con altre di un Oistrakh anni trenta dallo strumentalismo dirompente e con quello dal suono potente e flessibile, dall'eloquio naturale eppure rifinitissimo del periodo 1940-primi anni cinquanta.

L'Oistrakh trasmesso via radio nel 1939 e dal suono più che accettabile perché ben rimasterizzato anche se un po' distorto (Idis) è fra le prime testimonianze sonore del solista alle prese col *Concerto* di Čajkovskij, che lo propone ancora nella versione Auer. L'orchestra è diretta da un musicalissimo quanto asciutto Alexander Gauk.

Gli estremi salienti della lettura solistica sono una "libertà di fraseggio assecondata in maniera strepitosa" da Gauk, pathos e ordine, qualche portamento (non fastidioso) che il tempo comunque cancellerà, bravura e misura, un evidente retrogusto heifetziano in codette e passaggi brillanti controbilanciato però dalle aperture liriche piene di emozione e commozione, una sinistra da favola e – ancora Riccardo Cassani che conia l'acuta definizione, in rimando a Solokhov, di "placido virtuosismo" – lo "sfoggio di radiosa e travolgente sicurezza strumentale [il quale culmina nella] incredibile scala di decime" in coda alla cadenza del primo movimento.

Il *Finale*, poi, è le sette meraviglie per rapidità e pulizia di articolazione del Ritornello (controbilanciano, gonfie e cantatissime, le Strofe liriche) con rimando, in termini di musicalità, al *Finale* del *Concerto* di Mendelssohn (durata 9'10": il solista si avvicina ulteriormente a Heifetz). Non dimentichiamo infatti, riguardo questo Čajkovskij, le suggestioni che può avere esercitato su Oistrakh ventenne e neo-docente al Conservatorio di Mosca – quelle che folgorano Kogan bambino (classe 1924) – la tournée-tour de force-pellegrinaggio di Heifetz anno 1934 nella "sua" Russia, dove poi, arroccato anche psicologicamente sull'eremo di Beverly Hills, non metterà più piede. Come ha scritto Monsaingeon, senza peli sulla lingua, in questa registrazione "Oistrakh ha il fuoco al culo".

Ed ecco che le "correnti di pensiero" critico sulla tecnica di Oistrakh si dividono. Chi parla di un allievo di Stolyarsky al cento per cento e, come osserva Roth, con un movimento dell'arco "calmo e plasmato più sulla tradizione belga che sulla [...] vecchia maniera russa di Auer", chi, come Schwarz, dice che, a Mosca e in giro per il mondo, in qualche modo è influenzato da Auer e dai suoi magistrali allievi.

Altra interpretazione di riferimento è quella del 1948

(o 1957 a seconda delle fonti) che ormai ha abbandonato i "remake" di Auer per la stesura originaria salvo i tagli di cui s'è detto.

Annota Milstein: "Ricordo di aver chiesto a Oistrakh. 'Perché suoni Čajkovskij senza tagli?' [salvo un paio; *N.d.R.*]. Mi rispose con alcune note patriottiche. Lo considerai un esempio dell'oppressione di uno stato totalitario sugli artisti. In quei giorni, nell'Unione Sovietica, Čajkovskij, la cui musica piaceva a Stalin, stava per essere proclamato compositore 'realista' adatto alle masse popolari mentre la revisione Auer veniva considerata 'borghese' [...]". Non dobbiamo però dimenticare quel folgorante Čajkovskij-Auer del 1939 "col fuoco al culo", va' a sapere se realista o borghese.

Il disco Melodiya cui accennavamo nasce da una registrazione in studio e stereo che nemmeno sul piano della tecnica di registrazione mostra le rughe del mezzo secolo. Ribadisce anche la meraviglia di orchestre e direttori sovietici di quel periodo oltre alla sintonia di Re David con Kondrashin, grande amico e partner delle tournée Usa o meglio "direttore feticcio" del violinista. È lettura superiore all'altra, pur straordinaria, per il Galà dei sessant'anni. Qualche piccolo portamento nel siparietto orchestrale non è questione di gusto rétro ma segno del particolare "cuore" con cui Oistrakh farà palpitare il flessibile recitativo che porta al tema principale: molto appoggiato nel canto, caldo e via via più largo. A sua volta il secondo elemento del tema è mirabilmente in equilibrio fra accentuazione ritmica e melos, tensione e distensione da musicista nato e cresciuto. Una meraviglia.

La musicalità impeccabile del violinista, pieno di sentimento quanto allergico ai sentimentalismi, viene fuori con modi esemplari nella tenerezza del secondo tema, enunciato sottovoce, tutto chiaroscuri espressivi e solo progressivamente accalorato.

Che Oistrakh non ami il virtuosismo in quanto esibizione e "spettacolo", anche quando prepotentemente "violinistico", lo confermano, se ce ne fosse bisogno, sia la coda dell'esposizione sia lo sviluppo. Una coda dove si gioca con l'assoluta pulizia dell'articolazione di ogni suono prima che l'orchestra entri – finalmente – sfogata: sfogata ma non troppo ossia nobile come il solista.

Lo conferma uno sviluppo che, pur di natura più virtuosistica più che tematica, è preso senza correre e facendo sempre risaltare i profili cantabili e la chiarezza del dettato. Stessa scioltezza e identico nitore si ritrovano nella parte conclusiva dove, "retoricamente", la cavata tocca il suo acme di lucentezza e di potenza emotiva.

Nella *Canzonetta, Andante,* risaltano, in apertura, le suggestive lontananze dei legni su cui entra, dolcissimo eppure virile, il solista con trilli immacolati. A contrasto, accalorata e senza indugi ma sempre cantabile, è la parte di mezzo. Al ritorno del primo episodio c'è uno squisito intarsio fine secolo fra i legni, sempre lontani, come trasfigurati e il violino.

Il *Finale* ci mostra un Oistrakh all'apparenza insolito: che potremmo dire virtuosistico e invece, piuttosto, è felice di poter mostrare la sua assoluta pienezza di mezzi esecutivi. Dai 9'44" dell'esecuzione anno 1968, la durata scende a 9'13". Non siamo ai 9'10" del 1939 né agli 8'13" di Jascha Heifetz ma nemmeno molto lontani da essi.

Ecco così un *Allegro* davvero *vivacissimo,* tutto nitore e autocontrollo tecnico (il ritornello ha i tagli consueti di Auer che lo rendono più scorrevole), con la strofa "russa", a contrasto, di cantabilità larga e poi sfrenatamente danzante quanto sopraffina negli armonici di cristallo. La "stretta" evita il trabocchetto dell'andamento a rotta di collo grazie a un'elegantissima leggerezza d'arco.

Altro top, ed emblema dell'Oistrakh "Star without sensation" – secondo Richter, esecuzione "ideale" – è la registrazione americana per la Columbia (oggi cd Sony) del 14 dicembre 1959 con una Philadelphia Orchestra e Ormandy che stavolta all'altissima routine sostituiscono arte e fluente intesa col solista.

Una mirabile, pacata, larga espressività (quella ammirata da Kreisler) che si traduce nelle durate – 18'49", 6'40", 9'38" – e nella "depurazione" degli elementi brillanti (siamo insomma agli antipodi della lettura anno 1939 e la versione è quella originale) pur con una tecnica tanto adamantina quanto dissimulata: non esibita.

Un giorno Šostakovič chiede a Oistrakh perché, dopo avere suonato il *Concerto* di Čajkovskij cento volte in giro per il mondo, lo studi, lo ristudi, lo ripensi e "lavori" quotidianamente con quella che a lui pare una superflua testardaggine.

Risposta: "Ma è proprio per questo! Deve risultare fresco e nuovo come se fosse la primissima performance! Voglio allontanarmi dallo stereotipo di un'esecuzione a effetto e brillante. Sto cercando di arrivare alla vera sostanza della musica di Čajkovskij e di individuare i suoi elementi melodici anche negli episodi puramente meccanici".

Ci riesce. Hai riascoltato l'interpretazione che ti sembra più riuscita. Ne ascolti un'altra, uguale come principio base ma diversa e "nuova", con un'altra orchestra e un diverso direttore e questa lettura, con la sua carica innovativa, con la sua "freschezza" ad arte, rimette in discussione i tuoi criteri di valutazione perché Oistrakh nel reinterpretare il *Concerto* ha messo in gioco se stesso.

Si mette in gioco, come abbiamo detto, lavorando e rilavorando un repertorio praticato mille volte e sempre ai più alti livelli. Nel riascoltare i nastri delle proprie esecuzioni, considera tali letture semplicemente come un work in progress e con feroce autocritica si rimette continuamente in discussione.

Un esempio (un ascolto) per tutti e per concludere. La registrazione, dalla superba presa sonora, effettuata nel 1954 per l'etichetta gialla con la Staatskapelle Dresden, direttore Konwitschny. Il sinfonismo nobile e denso di orchestra e direttore è tutt'uno con il respiro ampio da "violinista musicista" di David. Il meraviglioso suono d'oro bruno del complesso sassone "ispira" Oistrakh e a Oistrakh attinge. Molkhou parla giustamente di "un miracolo di potenza, equilibrio, ardore e maestria".

Il tutto sembrerebbe tradursi in esiti d'arte dal valore assoluto. Non è così perché basta ascoltare o riascoltare una delle dodici interpretazioni, fra live e ufficiali, che Oistrakh e il disco ci hanno lasciato nell'arco di trent'anni esatti – dal 1938 al 1968 – perché l'assoluto possa diventare relativo. E il processo può durare all'infinito.

Il gulag

*di Antonio Cassese**

Aleksandr Solženicyn

I campi di lavoro forzato operanti in Unione Sovietica tra il 1927 e il 1959 sono una tristissima realtà, di cui solo negli ultimi decenni ci si è resi perfettamente conto. Vi venivano rinchiusi dissidenti, oppositori politici, criminali di diritto comune, e ogni altra persona della quale si sospettava che non fosse fedele al regime socialista. Non erano campi volti a sterminare coloro che vi venivano mandati, ma solo a segregarli dalla società e a sfruttarli nel lavoro. Le condizioni di vita erano però così precarie e aspre, che molti dei detenuti morivano.

Aleksandr Solženicyn (1918-2008), che alla fine della Seconda guerra mondiale venne mandato ai lavori forzati in un campo della Siberia, sperimentò sulla sua pelle la durezza della vita nel gulag. Riuscì a sopravvivere, uscendo dal campo nel 1956. Nel 1963 scrisse Una giornata di Ivan Denisovič, *che è come un racconto di Čechov o di Joyce, un pezzo di vita quotidiana in cui lo scrittore non offre un affresco della società né colloca il personaggio principale nel suo ambiente sociale, né indaga sulle sue motivazioni o sulle circostanze che lo hanno portato a vivere quel pezzo di vita così come egli lo descrive. Nel romanzo Solženicyn ci racconta impassibile e quasi con oc-*

* Tratto da Antonio Cassese, *Voci contro la barbarie*, Feltrinelli, Milano 2008, pp. 129-136.

chio estraneo un giorno trascorso dal detenuto Ivan Denisovič Šuchov in un campo di lavori forzati, sotto l'aspra morsura del gelo (30 gradi sotto zero), prigioniero nel corpo e nella mente di quella vita assurda e priva di qualunque umanità. Sono proprio il distacco e lo sguardo quasi da naturalista con cui il romanziere descrive la vita di un gruppo di detenuti, che rendono il racconto più incisivo e doloroso.

Il romanzo fece conoscere al mondo l'autore, sino ad allora ignoto. Nel 1970 venne assegnato a Solženicyn il premio Nobel per la letteratura.

[...] Albeggiava. Il falò della scorta si spegneva di là dal posto di guardia. Lo accendono ogni giorno prima dell'adunata e serve tanto a scaldarsi quanto a vedere meglio i prigionieri durante la conta. Una sentinella, con voce forte, brusca, scandiva: "Prima! Seconda! Terza!".

Le righe dei cinque uomini si staccavano una dall'altra: venivano avanti allineate. La seconda sentinella, quella del controllo, rimaneva in silenzio, vicino alle altre transenne, limitandosi a verificare se la conta era stata giusta.

E poi c'era anche un tenente di guardia.

Appartenevano tutti al campo.

Qui un uomo vale tant'oro. Se dopo il reticolato te ne manca uno, finisci qui anche tu.

La squadra fu di nuovo riunita.

Adesso è il sergente di scorta, a ricontare:

"Prima! Seconda! Terza!".

E ancora, cinque per riga, i prigionieri avanzano.

Poi, dall'altra parte, il vicecapo delle sentinelle fa il controllo.

Poi un altro tenente.

Della scorta, questo qui.

Impossibile sbagliare. Se firmi per un uomo in più, ti freghi.

E quanti soldati di scorta! E quanti intorno alla colonna che va alla centrale, richiudendola a semicerchio. Hanno i mitra imbracciati, e te li puntano sul muso. Ed ecco i cani lupi, grigi, con i loro custodi. Un cane mostra i denti, come se ridesse dei prigionieri. Tutte le guardie di scorta hanno i pellicciotti, meno sei che portano la pelliccia di montone. Sono pellicce che si portano a turno: le indossano i "chiapponi" di sentinella sulle torrette.

E poi, per l'ultima volta, dopo aver mischiato gli uomini delle squadre, la scorta si rimette a contare – cinque a cinque – l'intera colonna avviata al lavoro.

"All'alba il freddo è rigido," proclama il capitano, "perché siamo al punto estremo del raffreddamento notturno."

Il capitano ci gode a dare delle spiegazioni. Come è la luna, se è giovane o vecchia, come sarà in qualsiasi giorno o anno.

Il capitano si ammoscia di giorno in giorno, ha le guance incavate, ma non si lascia abbattere.

Fuori dalla zona il freddo, con quel venticello pungente, pizzica forte anche il volto cotto di Sciuchov.

Capito che gli avrebbe sbattuto in faccia per tutta la strada, fino alla centrale, Sciuchov decise di mettersi lo straccetto. Tutti ne avevano uno, per difendersi dal vento, con due lunghe stringhe ai lati. I prigionieri avevano imparato a cosa servisse lo straccio. Sciuchov se lo stese sul viso, fino agli occhi; passò le stringhe sotto le orecchie e se le allacciò sulla nuca, che coprì col risvolto del berretto, poi alzò il bavero del giaccone. Sulla fronte abbassò la visiera, così che davanti gli rimanevano scoperti soltanto gli occhi. Era a posto ormai, meno i guantoni che, malandati com'erano, non gli riparavano abbastanza le mani. Le fregava e le batteva sapendo che tra poco avrebbe dovuto tenerle strette dietro la schiena fino alla centrale.

Il capo della scorta recitò la solita "preghiera", che aveva stufato tutti:

“Prigionieri, attenzione! Mantenere rigorosamente l’ordine della colonna in marcia! Non restare indietro, non passare da una riga all’altra, non parlare, tenere gli occhi fissi davanti a sé, tenere le mani dietro la schiena. Un passo a destra o a sinistra è considerato tentativo di fuga e la scorta apre il fuoco senza preavviso. Capocolonna... avanti, marsc!”.

Le due guardie, in testa alla fila, dovevano essersi incamminate perché l’intera colonna ondeggiò in avanti, con un dondolìo delle spalle, e si mosse anche la scorta coi mitra puntati: le guardie erano a venti passi a destra e a sinistra, e a dieci passi l’una dall’altra.

Non nevicava da una settimana, il fondo della strada era sodo, ben calpestato. Svoltarono oltre il campo e il vento venne a sbattere in faccia, di sbieco. Con le mani sul dorso, le teste basse, la colonna avanzava come un funerale. Vedevi soltanto i piedi dei due o tre che avevi davanti e il pezzetto di terra pressata dove avresti poi messo i tuoi. Di tanto in tanto una guardia gridava: “U 48, mani indietro!”. “B-502, allungare il passo!” Man mano che si andava avanti le grida si facevano più rade, il vento sferzava, toglieva la vista.

Poveretti! Loro non possono neanche mettersi lo straccetto. Brutto servizio anche il loro.

Quando fa meno freddo, tutti parlano, nella colonna, e gli urli delle guardie non servono a niente. Ma quest’oggi ognuno si ripara con la schiena di quello davanti, e tutti pensano ai casi loro.

Per i prigionieri, neanche il pensiero è libero: è sempre fisso sugli stessi punti: ritroverò il pane nascosto nel materasso? Riuscirò a farmi dare l’esonero questa sera, all’infermeria? Metteranno dentro il capitano o no? Come ha fatto Tsezar ad avere quella camicia di flanella? Avrà certamente unto qualcuno del deposito effetti personali. Altrimenti come sarebbe riuscito?

Avendo mangiato freddo e senza pane, Sciuchov non si sentiva sazio, quel giorno. E perché la pancia non protestasse troppo, smise di pensare alle cose del campo per concentrarsi sulla lettera che avrebbe scritto a casa.

La colonna fiancheggiò la segheria costruita dai prigionieri, passò oltre un isolato abitato (le baracche erano state messe su dai prigionieri, ma vi abitava gente di fuori), si lasciò indietro il nuovo circolo (tutta roba fabbricata dai prigionieri, dalle fondamenta agli affreschi, ma al cinema ci vanno soltanto gli altri), e uscì nella steppa, proprio incontro al vento e all'alba ormai rossa. La neve bianca si stendeva sino all'orizzonte: a destra, a sinistra, in tutta la steppa non c'era un solo albero. [...]

Quando incomincia a soffiare una di quelle tormente non solo non ti fa andare al lavoro ma neanche uscire dalla baracca. Se non si mette una corda dalla baracca alla mensa c'è pericolo di farsi portare via. Se un prigioniero crepa nella neve, chi se ne frega, ma se scappa? È già successo. Nella tormenta i fiocchi diventano sottili sottili, ma quando la neve si ammucchia è come se ci fosse passato sopra un rullo compressore. Su un cumulo così, più alto del reticolato, hanno provato a scappare. Però non sono andati lontano.

Con un po' di sale in zucca si capisce che una di queste tormente non serve a niente: tocca star dentro chiusi a chiave. Se ritarda il carbone va via tutto il caldo della baracca, se ritarda la farina stai senza pane, e delle volte, in cucina, proprio non ce la fanno. Poi per tutto il tempo della tormenta – tre giorni o una settimana – ti calcolano i giorni come perduti e ti mandano a lavorare per altrettante domeniche.

Però i prigionieri aspettano la tormenta e pregano perché venga. Appena il vento comincia a soffiare, tutti guardano il cielo: "Un po' di farina, un po' di farina!".

Cioè di neve. [...]

A pensarci bene: che ragione c'è di sgobbare per dieci anni in un campo? Non ti va di lavorare e basta. Arrangiati come puoi fino alla sera, poi la notte è tutta tua. Invece no. Ecco a cosa serve la squadra. E non la squadra come fuori, dove Ivan Ivanovič ha il suo salario e Piotr Piotrovič il suo.

Nel campo la squadra è una cosa così combinata per cui non è la direzione a incitare i prigionieri ma gli stessi prigionieri a incitarsi uno con l'altro. Ecco com'è: o un supplemento di pappa per tutti, o crepate tutti. Tu, carognone, non lavori? E io dovrei stare a pancia vuota per te? Eh, no! Dai, lavora, figlio di puttana!

E se ti capita poi un momento come questo, non puoi proprio startene col culo fermo, ti tocca saltare su e sbatterti di qua e di là. Se fra due ore la stanza scaldagente non è pronta, siamo fregati tutti, gelati e pronti per il demonio. [...]

Si son tolti i guantoni, tutti e quattro agitano le mani davanti alla stufa.

Ma i piedi guai a metterli vicino al fuoco, se sono calzati. Questo lo capisce chiunque. Se sono scarpe, si screpola la pelle, se invece sono stivali di feltro, si inumidiscono, danno vapore, e tu non starai affatto più caldo. Se poi ti avvicini ancor più alla fiamma, bruciano. Così dovrai andartene a spasso con un bel buco fino a primavera: mica te ne daranno un altro paio.

"Che gliene frega, a Sciuchov?" lo stuzzica Kilgas. "Sciuchov, bellezze mie, con un piede è già quasi a casa."

"Con quello scalzo," fa un altro. E ridono. (Sciuchov s'è levato lo stivale sinistro, quello bucato, sta riscaldando la pezza da piedi.)

"Sciuchov ha quasi finito la pena."

Lui stesso, Kilgas, s'è buscato venticinque anni. Prima c'era stato un periodo fortunato: a tutti, senza distinzione, rifilavano dieci anni. Dieci li puoi anche vivere senza crepare, ma venticinque?!

Sciuchov prova un certo piacere che tutti lo segnino a dito, perché sta per finire la pena, soltanto non è che lui stesso ci creda molto: perché chi ha finito la pena in tempo di guerra è rimasto nel campo fino a nuovo ordine, vale a dire fino al '46. E chi aveva da scontare tre anni, ne ha passati altri cinque di aggiunta. La legge, se ne fa un po' quel che si vuole. Finisci i dieci anni ed eccotene altri dieci, ti dicono. Oppure ti schiaffano in esilio.

Qualche volta, a pensarci, ti si mozza il respiro. Il tuo periodo sta per finire, il gomitolo s'è srotolato quasi fino in fondo... Dio mio, andarsene libero, con i propri piedi!

Ma un vecchio prigioniero non è bene che vada dicendo queste cose ad alta voce, e Sciuchov dice a Kilgas:

"Non ci pensare troppo ai tuoi venticinque anni. È scritto sulla rena se lo saranno davvero. Io, invece, ne ho già scontati otto, e questo è un fatto".

Così si tira avanti, con questa vita di merda, e non si ha nemmeno tempo per pensare: come mai sei finito dentro? Come ne uscirai?

Nella sua pratica c'è scritto che Sciuchov è finito dentro per aver tradito la patria. E lo confermano le sue deposizioni: si è dato prigioniero volendo tradire il proprio paese, ed è tornato dalla prigionia con un incarico dello spionaggio tedesco. Che incarico fosse non seppero inventarlo, né Sciuchov, né il giudice istruttore. Rimase semplicemente così: un incarico.

Il ragionamento di Sciuchov in quell'occasione fu molto semplice: se non firmava lo facevano fuori, se firmava poteva campare un altro po'. E aveva firmato.

Ma ecco come si erano svolte davvero le cose: nel febbraio del '42, sul fronte nord-occidentale tutta la loro armata era rimasta accerchiata e gli aerei non lanciavano nulla da mettersi sotto i denti. Nemmeno c'erano, forse, quegli aerei. Gli accerchiati arrivarono al punto da tagliare via dei pezzetti di zoccolo dei cavalli crepati, di ammollirli in un po' d'acqua e poi mangiarli. E nemmeno c'erano più munizioni. Così a poco a poco i tedeschi li acchiappavano nei boschi e li facevano prigionieri. Sciuchov era rimasto un paio di giorni con uno di questi gruppi, sempre lì, tra i boschi, poi se l'erano squagliata in cinque, raggiungendo per un vero miracolo, sia pure soltanto in due, le truppe russe. Due erano rimasti secchi sotto il piombo di un mitra, un terzo era morto per le ferite. Se fossero stati dei dritti, avrebbero dichiarato di essersi smarriti nei boschi, e forse l'avrebbero passata liscia. Invece spiattellarono tutto: torniamo dalla prigionia tedesca. Prigionia? Figli di cani e di questo e di quest'altro. Se fossero tornati tutti e cinque, sarebbero state messe a confronto le varie deposizioni, ma ai due superstiti non si volle credere: s'erano messi d'accordo, brutte carogne, sulla storia di quella fuga.

Benché sordo, Senka Klevscin era riuscito a cogliere qualche parola sulla fuga ed eccolo dire, ben forte: "Io sono scappato tre volte e tre volte mi hanno ripreso". [...]

Suona la sirena. I capisquadra si presentano in fila e il cuoco porge dal finestrino le scodelle, sul cui fondo c'è un po' di sbobba, e non vai certo a chiedere né a pesare quanto c'è della tua "biada" là dentro; se apri bocca sei bell'e spacciato.

Il vento soffia sulla nuda steppa, secco e caldo d'estate, freddo d'inverno. Non vi è mai cresciuto niente, e tra i quattro fili spinati ancora meno. Il grano "cresce" soltanto nel locale dove si tagliano le porzioni di pane, l'avena spiga soltanto al deposito alimentari. E anche se ti spezzi la schiena a furia di lavorare, anche se crepi, dalla terra non cavi un grammo di cibo, non avrai niente più di quel che t'assegnano i capi.

Del resto, nemmeno questo ricevi, a causa dei cuochi, dei leccaculo e dei "merli". Rubano qui, rubano nella zona e già prima, al deposito, rubano. E tutti quelli che rubano, loro, mica lavorano. Tu invece lavora e prendi quel che ti danno. E fatti subito in là dal finestrino.

È tutto un tirare a fregarsi.

Pavlo con Sciuchov e Gopcik entrarono nella mensa: gli uomini dentro erano pigiati come sardine, non riuscivi a scorgere, oltre le schiene, né tavoli, né panche.

Alcuni mangiavano seduti, la maggioranza in piedi. La 82ma squadra, che aveva scavato buche, al freddo, per mezza giornata, era riuscita a occupare i primi posti, appena suonata la sirena. Adesso, non se ne andrà nemmeno dopo mangiato, se no dove troverà da scaldarsi? Gli altri bestemmiano, ma è come tirare pugni contro un muro.

Tutto meglio che gelare fuori. [...]

I prigionieri hanno trascorso l'intera giornata al freddo, sono mezzo congelati. Dopo finito il lavoro sono rimasti in piedi un'ora intera. Eppure, più che col freddo, ce l'hanno con la serata andata perduta: ormai non rimane tempo per combinare qualcosa, là nella zona.

"Come mai," chiede uno della fila vicina a Buinovski, "conoscete tanto bene la vita della marina inglese?"

"Be', vedete, io ho passato quasi un mese intero a bordo di un incrociatore inglese, avevo una cabina tutta per me. Scortavo un convoglio. Ero l'ufficiale di collegamento. E poi, dopo la guerra, figuratevi un po', l'ammiraglio inglese, forse ispirato dal demonio, mi ha fatto pervenire un suo ricordino: 'in segno di gratitudine'. Maledico il giorno in cui l'ho ricevuto! Ed eccoci tutti in un solo mucchio... Non è certo un piacere, per me, starmene qui dentro con gli irredentisti ucraini..."

Strano. Strano tutto: la nuda steppa, la zona ormai deserta, la neve che scintilla al chiaro di luna.

Le guardie si son già schierate a dieci passi l'una dall'altra, con le armi puntate. Il gregge nero dei prigionieri e, con un giaccone, come quello di tutti gli altri, eccoti in mezzo a loro S-311: un uomo che ha sempre indossato giacche con le spalline dorate, che si trovava a suo agio con un ammiraglio inglese, e che adesso, invece, trasporta barelle di calcina con Fetiukov. [...]

Ecco, vicino a quella baracca si addensa una folla nera: escono per schierarsi. Ed ecco, anche quelli di un'altra baracca. E da una baracca all'altra, più che rumore di voci si sente scricchiolare la neve. Discesi dai gradini, cinque uomini si misero da una parte, rivolti verso l'uscio, e dietro di loro altri tre. Fu con questi tre che andò a mettersi Sciuchov, nella seconda riga. Dopo aver mandato giù un po' di pane e con la sigaretta tra i denti, si può anche stare lì. Il tabacco è buono, il Lettone non lo aveva imbrogliato: raschiava in gola e aveva un certo profumo.

Pian piano vengono avanti dalla porta altri uomini; dietro Sciuchov ci sono adesso due o tre righe di cinque uomini. E si sentono pieni di rabbia: perché quei porci non vengono fuori? Perché stiamo qui al freddo per causa loro?

Nessuno dei prigionieri vede mai un orologio, e del resto che farsene, dell'orologio, lì dentro? Il prigioniero deve soltanto sapere: quanto manca alla sveglia? All'adunata? Al pranzo? Alla ritirata?

Si dice che l'appello serale è alle nove. Però non finisce mai alle nove. Lo rifanno una seconda e anche una terza volta. Prima delle dieci non ti puoi mai addormentare, e alle cinque, così dicono, c'è la sveglia. Niente di strano, quindi, che oggi il Moldavo si sia addormentato prima che fosse finito il lavoro. Là dove un prigioniero trova un po' di caldo, subito dorme. Durante la settimana accumula tanto di quel sonno saltato che, quando non ti fregano la domenica, intere baracche ronfano della grossa. [...]

Sciuchov si abbandonava al sonno quasi felice. Quel giorno aveva avuto molta fortuna: non l'avevano ficcato in prigione, la squadra non era stata mandata al "Villaggio Socialista", a pranzo era riuscito a rimediare una sbobba, il caposquadra aveva sistemato bene la percentuale, Sciuchov aveva lavorato con gioia al muro, alla tastata non gli avevano trovato il pezzo di sega, la sera aveva guadagnato qualcosa da Tsezar e aveva comprato il tabacco. E non si era ammalato, ce l'aveva fatta.

Era trascorsa una bella giornata, quasi felice.

Di queste giornate, nel periodo della sua pena, dal principio alla fine, ce n'erano tremilaseicentocinquantatré.

A causa degli anni bisestili occorreva aggiungere tre giorni...

[*Una giornata di Ivan Denisovič*, Garzanti, Milano 1971, pp. 22-23, 46-49, 63, 70-71, 81-83, 88-89, 142, 190-191, 204.]

Indice

IL FILM

9 La musica fa cadere ogni steccato, *di Natalia Aspesi*

13 Intervista al regista, Radu Mihaileanu

26 Intervista al compositore Armand Amar

29 Intervista all'attore Alexeï Guskov

34 Intervista all'attrice Mélanie Laurent

LA MUSICA È SOVVERSIVA

41 L'orchestra, *di Daniel Barenboim*

67 Finale, *di Daniel Barenboim*

85 Ampio interludio: il *Concerto* di Čajkovskij, *di Alberto Cantù*

95 Il gulag, *di Antonio Cassese*